Uni-Taschenbücher 1179

UTB

Eine Arbeitsgemeinschaft der Verlage

Birkhäuser Verlag Basel und Stuttgart
Wilhelm Fink Verlag München
Gustav Fischer Verlag Stuttgart
Francke Verlag München
Harper & Row New York
Paul Haupt Verlag Bern und Stuttgart
Dr. Alfred Hüthig Verlag Heidelberg
Leske Verlag + Budrich GmbH Opladen
J. C. B. Mohr (Paul Siebeck) Tübingen
C. F. Müller Juristischer Verlag – R. v. Decker's Verlag Heidelberg
Quelle & Meyer Heidelberg
Ernst Reinhardt Verlag München und Basel
K. G. Saur München · New York · London · Paris
F. K. Schattauer Verlag Stuttgart · New York
Ferdinand Schöningh Verlag Paderborn · München · Wien · Zürich
Eugen Ulmer Verlag Stuttgart
Vandenhoeck & Ruprecht in Göttingen und Zürich

Ludwig Hardörfer

Stufenbezogene Didaktik

Zum Problem einer Lehrerausbildung nach Schulstufen

Ferdinand Schöningh
Paderborn · München · Wien · Zürich

LUDWIG HARDÖRFER, Professor der Erziehungswissenschaft an der Universität Düsseldorf, Leitender Regierungsschuldirektor im Landesinstitut für Curriculumentwicklung, Lehrerfortbildung und Weiterbildung Nordrhein-Westfalen in Neuss.

CIP-Kurztitelaufnahme der Deutschen Bibliothek

Hardörfer, Ludwig:
Stufenbezogene Didaktik: zum Problem e. Lehrerausbildung nach Schulstufen / Ludwig Hardörfer. —
Paderborn; Wien; Zürich: Schöningh, 1982.
(Uni-Taschenbücher; 1179)
ISBN 3-506-99357-7
NE: GT

München · Wien · Zürich

Printed in Germany.

Herstellung: Ferdinand Schöningh, Paderborn.

Einbandgestaltung: Alfred Krugmann, Stuttgart.

Vorwort

Wir sind der Reform — insbesondere der schulischen — gegenüber skeptischer geworden. Manche Ansätze aus dem Ende der sechziger oder Anfang der siebziger Jahre wirken wie „Reformruinen", erratisch stehengeblieben. Niemand weiß so recht, wie es weitergehen soll. Das betrifft auch die Lehrerbildung.

Unter dem Druck organisatorischer Veränderungen der Lehrerausbildung in Nordrhein-Westfalen war es nötig, sich neu zu orientieren und eine Didaktik zu konzipieren, die als handlungsleitendes Instrument Lehrerausbildung ermöglichen sollte.

Die Arbeit wurde 1975 im „Landesinstitut für schulpädagogische Bildung" aufgenommen[1]; seit 1978 wird sie im neuen „Landesinstitut für Curriculumentwicklung, Lehrerfortbildung und Weiterbildung" fortgesetzt.

Vielleicht kann die so entstandene Theorie beitragen zur Orientierung in der unübersichtlich gewordenen Landschaft von Schule und Unterricht; vielleicht auch kann sie mitwirken an einem Neubeginn des Gesprächs über die Lehrerbildung in den einzelnen Bundesländern.

Ob der hier vorgelegte Entwurf einer „Stufenbezogenen Didaktik" im expliziten Sinne eine „neue" — noch eine! — Didaktik darstellt, mögen andere entscheiden. Wenn er auch nur ein Weniges beitragen kann zur Lösung der angesprochenen Aufgaben, wäre das schon viel.

---

[1] Vgl. dazu die im Anhang beigefügten „Thesen zum Problem stufenbezogener Didaktik" vom 1. 10. 76 und W. Klafkis Versuch einer Grundorientierung in: Probleme stufenbezogener Didaktik — Grundfragen (I). Landesinstitut für schulpädagogische Bildung NW. Tagungsberichte Heft 64, 1976 u. ö.

Ich möchte an dieser Stelle all denen danken, die mit mir — oft in langdauernden Diskussionen auf Lehr- und Fortbildungsveranstaltungen — am Zustandekommen dieses Entwurfs gearbeitet haben.

Neuss, im November 1981

Ludwig Hardörfer

Inhaltsverzeichnis

Zur Genese des Problems und zur Absicht des Entwurfs

Während der Phase gesteigerter Reformeuphorie in der Bundesrepublik Deutschland, deren Höhepunkt etwa 1970 mit dem „Strukturplan für das Bildungswesen" der Bildungskommission des Bildungsrates erreicht wurde, ist auch die überkommene, auf Schulformen orientierte Lehrerbildung in Frage gestellt worden.
Aus einem vagen, nicht sonderlich exakt definierten Unbehagen an allem — in Schule und Unterricht — Bestehenden[2] wurde vor dem Hintergrund damals noch herrschender allgemeiner Wachstumserwartungen ein neues Struktur- (das bedeutete i. w. Organisations-)Konzept von Schule erarbeitet, das, ohne es allzu deutlich zu sagen, vor allem dem Wunsch entsprach, „soziales Lernen" zu ermöglichen, d. h. Schichtentrennungen in der Gemeinsamkeit von Schule zu überwinden und „Chancenungleichheiten" auszugleichen. Als Mittel der Wahl erschien dazu die Umorientierung des bis dahin „vertikal" gegliederten Schulwesens auf den „horizontalen" Bezug von Schul-„Stufen"; dem sollte dann letztlich auch die Umorientierung von Lehrerbildung auf den Stufenbezug entsprechen[3]. So wurde im Bildungsgesamtplan von 1973 gefordert, „Lehrämter mit stufenbezogenem Schwerpunkt" einzurichten, und zwar für den Primarbereich, den Sekundarbereich I und den Sekundarbereich II; die Möglichkeit der „Erweiterung" dieser Lehrämter sollte gegeben sein[4].
Allerdings deutete sich gerade hier unter der immer noch oberflächlich vorhandenen prinzipiellen Einmütigkeit allmählich jener

---

[2] Eine echte Analyse der Ursachen des Unbehagens hat es nie gegeben; zu möglichen Hypothesen sehr grundsätzlicher Art vgl. auch L. HARDÖRFER: Über die vierfache Wurzel des Unbehagens an der Schule. In: Päd. Rundschau 24 (1970) S. 288—298.
[3] Strukturplan, S. 215 ff.
[4] Bildungsgesamtplan 1973, Bd. I, S. 36 ff.

Dissens in der Schulreformfrage an, der in den Jahren danach immer eindeutiger die Szene beherrschte. Eines der drei „Sondervoten" der „B-Länder", d. h. der von CDU und CSU regierten, bezog sich auf die Lehrerbildung; zwar wurde das Konzept insgesamt „gebilligt", aber nur „unter der Voraussetzung", daß die Lehrerbildung „differenziert" bleibe. Was gemeint war, wurde dann durch Präzisierungen in bezug auf die drei Lehrämter deutlich gemacht, was Studienschwerpunkte, Mindeststudiendauer, Erweiterung durch zusätzliches Studium und Auswirkungen auf die Besoldung betrifft; insgesamt tendierten die „A-Länder" in dieser Frage mehr auf „Einheitlichkeit", die „B-Länder" mehr auf „Differenzierung". Dahinter stehen ohne Zweifel auch Wünsche einzelner Lehrergruppen auf „Angleichung" einerseits und auf Wahrung von „Abstand" andererseits, wie sie sich etwa in den Positionen von GEW und Philologenverband formulieren.

Die heutige Situation der Lehrerbildung in der Bundesrepublik Deutschland ist gekennzeichnet durch die Ausdifferenzierung der Standpunkte, die bereits in den unterschiedlichen Voten des Bildungsgesamtplanes zum Ausdruck kamen.

Die Position der damaligen A-Länder prägen am reinsten Bremen und Nordrhein-Westfalen aus.

In Bremen entstand auf der Grundlage des „Gesetzes über die Ausbildung für das Lehramt an öffentlichen Schulen im Lande Bremen" vom 30. Juli 1974 ein einheitliches „Lehramt an öffentlichen Schulen", das lediglich nach „Schwerpunkten" differenziert ist.

Nordrhein-Westfalen hat mit dem Lehrerausbildungsgesetz von Oktober 1974, neugefaßt im „Gesetz über die Ausbildung für Lehrämter an öffentlichen Schulen" vom 28. 8. 1979, drei eindeutige Stufenlehrämter geschaffen, die sich auf die Primarstufe, Sekundarstufe I und Sekundarstufe II beziehen; lediglich das Lehramt für Sonderpädagogik fällt aus dem stufenbezogenen Muster heraus.

Die Position der B-Länder ist in Bayern durchgehalten; hier konstituiert das „Bayerische Lehrerbildungsgesetz in der Neufassung vom 29. September 1977" immerhin sechs Lehrämter für die Grundschule, Hauptschule, Realschule, für das Gymnasium, die

Beruflichen Schulen und die Sonderschulen, d. h. auch hier ist das alte Volksschullehramt durch zwei Lehrämter für Grundschule und Hauptschule abgelöst.
Das wirkt gegenüber dem Saarland fast „progressiv“, das mit den „klassischen“ schulformbezogenen Lehrämtern für
— Grund- und Hauptschulen,
— Realschulen,
— Gymnasien,
— berufliche Schulen und
— Sonderpädagogik
auskommt, die das „Saarländische Lehrerbildungsgesetz“ vom 12. 6. 78 festschreibt.
Einige Länder haben Versuche mit einphasiger und/oder stufenbezogener Lehrerausbildung in Gang gebracht.
So entstand in Niedersachsen an den Universitäten Oldenburg und Osnabrück ein solcher Versuch, der sich auf das „Gesetz zur vorläufigen Regelung des öffentlich-rechtlichen Ausbildungsverhältnisses in der einphasigen Lehrerausbildung“ vom 31. Mai 1978 stützte. Hier wurde zwischen den Schwerpunkten
— Primarbereich
— Sekundarbereich I,
— Sekundarbereich II und
— Sonderpädagogik
unterschieden.
Rheinland-Pfalz hat mit KM-Erlaß vom 14. 10. 74 an der Universität Kaiserslautern/Trier einen „Studiengang für das Lehramt für den Sekundarbereich I“ eingerichtet.
In Hamburg schließlich gibt es eine „Verordnung über die Erste Staatsprüfung für die Lehrämter und die Erweiterten Lehrämter mit den Schwerpunkten Grundstufe und Mittelstufe“ vom 4. Dezember 1978.
Diese sicher nicht ganz vollständigen Angaben markieren jedoch deutlich die Situation: Lehrerbildung ist in der Bundesrepublik Deutschland weit auseinandergelaufen.
Die Gegenpositionen markieren sich in sehr bevölkerungsstarken Bundesländern: Der reine Stufenbezug in Nordrhein-Westfalen, der reine Schulformbezug in Bayern. Ansätze zur Vermittlung

bzw. zur Wiederherstellung der Einheitlichkeit sind im Augenblick nicht zu sehen.

Reformdrang sowohl wie mehr oder weniger starkes oder zögerndes Festhalten am alten Zustand sind dabei in gleicher Weise getragen von naivem Vertrauen in die Möglichkeit, durch Mittel- bzw. Organisationsentscheidungen etwas Wesentliches in Schule zu verändern oder zu bewahren.

Das aber ist, wenn es blauäugige Gläubigkeit ist, ein schlichter Irrtum oder, wenn sich taktisches Kalkül dahinter verbirgt, allenfalls ein kurzlebiger Trick.

Wenn die erziehungswissenschaftliche, curriculare und didaktische Diskussion der letzten Jahre überhaupt etwas von genereller Signifikanz mit einiger Sicherheit herausgebracht hat, so ist es die Erkenntnis, daß es zwischen Zielen oder Intentionen, welcher Art auch immer, und Mitteln, die man zu ihrer Realisierung einsetzt, keinen anderen Zusammenhang gibt als den hypothetischen einer allenfalls gläubigen Hoffnung, das Mittel möge irgendwie dazu beitragen, dem Ziele näherzukommen. Gesichertes Wissen darüber, wann das mehr und wann das weniger der Fall ist, gibt es — zunächst bisher — so gut wie überhaupt nicht.

Bei dieser Sachlage ist die Frage berechtigt, ob eine Situation, die zuweilen durchaus den Charakter eines latenten Kriegszustandes angenommen hat, denn unbedingt aufrechterhalten bleiben muß, wenn klar ist, daß das Gegeneinander allenfalls den Charakter von Schaukämpfen zur Diffamierung irgendwelcher eingebildeter oder realer „politischer Gegner“ haben kann, in denen unzureichend geklärtes und definiertes „Interesse“ zum Zwecke politischer Proselytenwerbung aufeinander losgelassen wird. „Diskussion“ findet ja eigentlich schon lange nicht mehr statt, weil alle zu wissen meinen oder vorgeben, was richtig und notwendig ist.

Um die verfahrene Situation nicht noch weiter in Immobilität erstarren zu lassen, wird hier in bewußter Absehung von der Struktur von Lehrämtern oder gar Grundintentionen von Schulreform, die schlichte Frage gestellt und zu beantworten gesucht: Wie müßte unter heute gegebenen situativen Bedingungen aus dem Kontext von weitgehendem Konsensus getragener Zielsetzungen heraus eine Theorie formuliert werden, die handlungsleitend sein könnte für den Lehrer in der Schule ebenso wie die Lehrerausbildung — eine Theorie, die geeignet sein müßte, Lehrerausbildung — gleich unter welchen organisatorischen oder rechtlichen Vorgaben — sinnvoll zu ermöglichen?

In der Annahme, daß einige der leitenden Prinzipien des Strukturplanes nicht ganz falsch gewesen sein mögen, ist versucht worden, diese Theorie unter dem Arbeitstitel — der Arbeitshypothese — „Stufenbezogene Didaktik" zu formulieren.

Ein solches Unterfangen nimmt Korrekturen auf, Umpolungen des Interesses und der Erwartungen, die sich in den gut zehn Jahren seit dem Strukturplan formuliert haben.

Da ist zunächst das neue Unbehagen an einem Zuviel an Technologie, einem Zuviel an Vertrauen auf Machbarkeit, Planung — auch: einem Zuviel an verkürzender Ideologie, wie sie allzu leicht in die Freiräume eindringt, die „wertfrei" — technologisch operierende „Wissenschaft" notwendig freiläßt. Darüber hinaus ist da das Unbehagen an der übertriebenen Gängelung des Lehrers durch allzu subtil ausgearbeitete Richtlinien, Curricula, „Handreichungen" und „Unterrichtshilfen" — ein Unbehagen, wie es sich in neueren Entwürfen zur Didaktik artikuliert[5]. Da ist schließlich das auch schon öffentlich artikulierte Unbehagen an dem mangelnden „Mut zur Erziehung".

Im Sinne der Aufnahme all dieser Strömungen des Unbehagens an einer Curriculumtheorie auf dem Hintergrunde übertriebener Euphorie der Machbarkeit wird hier so etwas vorgelegt wie eine neue „skeptische" Didaktik[6], mit der maßvolle Korrekturen möglich werden könnten, ohne daß die Kritik an einem Zuviel des Vertrauens in Machbarkeit sogleich wieder weit hinausschießt über die sinnvoll-fruchtbare Mitte des Möglichen in einen neuen Irrationalismus, Agnostizismus und Emotionalismus, wie er uns Deutschen nur allzu naheliegt.

Vielleicht könnte sich dabei die allmähliche Wiedereinsetzung des Lehrers in seine Eigenverantwortung ergeben, ein Stück Abbau

---

[5] Z. B. W. SPIES u. a.: Morphologische Didaktik. Hannover (Schroedel) 1979.

[6] Der Terminus erinnert an das immer noch sehr lesenswerte Buch von THEODOR BALLAUFF.

eines Übermaßes an Lenkung, Verordnung, Organisation und damit ein Stück Restitution von menschlicher Würde; vielleicht wäre darüber hinaus eine behutsame Neu-Orientierung von Schule und Allgemeinheit — „Gesellschaft" — auf das rechte Maß der Mitte möglich zwischen einem übertriebenen Vertrauen auf eine machbare bessere Zukunft und der ebenso übertriebenen Angst vor der Unausweichlichkeit der Katastrophe, ein Schritt weg von Irrationalismus und hin zu skeptischer Selbstdisziplin des Denkens.

Metatheoretische Grundprobleme

Die Frage nach einer stufenbezogenen Didaktik stellen, das impliziert so viele metatheoretische Grundfragen, daß Erfolg oder Scheitern dieses Unternehmens, bzw. anders formuliert: die Art der Antwort auf die gestellte Frage, je durch die metatheoretischen Implikationen entscheidend bedingt werden, die — bewußt oder unbewußt, reflektiert oder nicht — im Spiele sind. Um sich solchen Implikationen nicht einfach auszuliefern und damit die ganze Untersuchung dem Scheitern auszusetzen, muß man auf sie reflektieren und ihre Relevanz und ihr Verhältnis zueinander zu bestimmen suchen.

Was sind solche Implikationen, die die ganze Überlegung entscheidend bestimmen bzw. gar verformen?

Ich weise nur auf einiges beispielhaft hin, um zu erläutern, was gemeint ist.

Da ist zum Beispiel die Frage: Was ist Didaktik überhaupt? In welchem Verhältnis steht sie zu a) Methodik, b) zu Erziehungswissenschaft/Pädagogik, c) zu Curriculumtheorie? Ist sie Objekt-Theorie oder Metatheorie? Hat sie hermeneutisch oder analytisch-empirisch oder sonstwie orientiert zu sein?[7] Was gibt es überhaupt an Didaktiken? Was letztendlich ist „Stufe"? Sollte es statt „stufenbezogener Didaktik", wie hier vorgeschlagen, nicht schlichtweg „Stufendidaktik" heißen? usw. usw.

Je nachdem, wie diese Fragen beantwortet werden, läuft der Prozeß der Reflexion anders. Noch schlimmer ist es, wenn diese Grundfragen überhaupt nicht explizit formuliert werden, sondern unbewußt stimmungshaften Vorurteilen ausgeliefert bleiben.

Aufgrund solcher Vorurteile oder Vor-Gestimmtheiten kann es leicht zu vorschnellen Emotional-Stellungnahmen kommen, wie

---

[7] Dazu auch: L. HARDÖRFER: Empirische oder geisteswissenschaftliche Pädagogik? in: Päd. Rundschau 22 (1968), S. 586—598.

z. B.: Stufenbezogene Didaktik, das gibt es doch überhaupt nicht. Was auch immer das heißen soll. Die Möglichkeiten reichen ja von „Da hat bisher noch keiner ein verständiges Buch darüber geschrieben" bis „Darüber nachzudenken ist sinnlos, die Frage ist einfach nicht zu beantworten" usw.

Solche voreiligen, emotional getönten Stellungnahmen hat es im Zuge unserer Überlegungen auch immer wieder und oft genug gegeben.

Sie sind hinderlich, aber ohne ernsthafte Bedeutung.

Anders steht es mit echten metatheoretischen Vorentscheidungen, und auf sie soll nun reflektiert werden, um ihre Relevanz für die Problemlösung zu bestimmen und das metatheoretische Regelsystem offenzulegen, an dem sich die Überlegung orientiert.

Die neuere Wissenschaftstheorie hat zumindest drei Bereiche nachgewiesen, in denen selbst Wissenschaften, die glauben, schlechthin „wertfrei" und „objektiv" zu verfahren, entscheidend durch metatheoretisch faßbare normative Vor-Implikationen bestimmt werden:

1. die Frage der Festlegung von Auswahlkriterien,
2. das Problem der Festlegung des Begriffssystems,
3. die Problematik der Festlegung von Überprüfungsverfahren[8].

Zu 1. *Festlegung von Auswahlkriterien*

Es ist keineswegs „selbstverständlich", was etwa alles Gegenstand einer Wissenschaft ist und welche Probleme in ihrem Rahmen untersucht werden sollen. Aufgrund welcher Entscheidungen, Vorgaben, Fragestellungen komme ich zu einem wissenschaftlich zu bearbeitenden Problem? Wie formuliere ich es? Mit welchen Kriterien kann ich entscheiden, ob es „Sinn hat", es zu verfolgen? Die Problematik der Festlegung von Auswahlkriterien hat somit erhebliche Rückwirkungen auf die Konstitution von wissenschaftlichen Problemen überhaupt. Fragestellungen, wie die nach der sogenannten „Chancengleichheit", die ja in der Diskussion der letzten Jahre

[8] Vgl. E. KÖNIG: Theorie der Erziehungswissenschaft, Bd. 3, Erziehungswissenschaft als praktische Disziplin, München (W. Fink) 1978, S. 10.

eine bedeutende Rolle gespielt haben, können überhaupt erst in einem Klima die rechte Relevanz und Brisanz bekommen, in dem die Mehrheit nicht mehr bereit ist, Unterschiede der Leistungsfähigkeit und der „Startvorgaben“ als „gegeben“ hinzunehmen, in dem also die General-Norm „Gleichheit“ höher eingeschätzt wird als die General-Norm „Individualität / Unterschiedlichkeit“.
Ähnliche Gründe sind es, die zur Lösung des Problems der Verbesserung von Exaktheit und Vergleichbarkeit von Leistungsbeurteilungen drängen und die Intention auf „Leistungsmessung“ begründen, u. a. m.

Zu 2. *Festlegung des Begriffssystems*

Ebensowenig ist es gleichgültig, in welcher Begrifflichkeit Fragestellungen und die Antworten darauf formuliert werden. Man kann das an dem heute — modisch oder notwendig? — weite Bereiche von Wissenschaft bestimmenden und verformenden Behaviorismus-Postulat erläutern.
In dem sich über mehr als zwei Jahrtausende hinziehenden Prozeß der Entwicklung des reflektierten Denkens und der Wissenschaft war es bis in die beginnende Neuzeit hinein unbestritten, daß es eigentlich zwei Grundblickrichtungen auf Seiendes gebe, nämlich die von außen und die von innen. So hat noch Descartes zwei „Substanzen“ unterschieden, die „ausgedehnte“, res extensa, und die „denkende“, res cogitans. Der Zugang zur einen war Beobachtung, Messung, der zur anderen Innenschau, reines Denken, Reflexion.
Erst mit dem Heraufkommen der modernen Naturwissenschaften und ihren euphorisch überschätzten Erfolgen verengte sich der Blick; nur die res extensa und der ihr zugehörige Zugang durch Beobachtung wurden noch als wissenschaftlich möglich angesehen; der andere Weg innerer Selbstbeobachtung wurde als eo ipso subjektiv und unverbindlich, weil nicht überprüfbar, abgetan, die Möglichkeit des reinen Denkens entweder als Spekulation diffamiert oder als reine Logik dualistisch vom wahrzunehmenden Seienden separiert.
Letztlich war es dann nur konsequent, wenn sogar Psychologie, die ihren Gegenstand „Seele“ ja eigentlich nur über den Weg innerer

Selbstbeobachtung erreichen, gewärtigen, dingfest machen kann, sich — subjektiver Irrtümer und Unsicherheiten müde — auf die Beschreibung „beobachtbaren Verhaltens“ zurückzog — dies das vorhin sogenannte Behaviorismus-Postulat — und damit zwar die Möglichkeit gesicherterer intersubjektiver Verständigung einhandelte, andererseits aber ihren eigentlichen Gegenstand — und sich selbst? — aufgab. Darüber hinaus führte das notwendig zur Entwicklung einer völlig neuen Terminologie. Als Beispiel seien nur Termini wie „Verhaltensmuster“, „Verhaltensdisposition“ oder dergleichen genannt —, die die Wissenschaft ins esoterische Getto der Sachverständigen ein- und aus dem größeren Zusammenhang alltäglich gesprochener und von allen verstandener Sprache weithin ausschloß.

Die Negation der Möglichkeit und Zulässigkeit der Nutzung der „Innenperspektive“ von Erkenntnis hatte nicht nur für die Psychologie, sondern für modernes Denken überhaupt weitreichende, m. E. teils verhängnisvolle Folgen: Der Blick auf den Menschen verschob sich zusehends von der Perspektive Einzelwesen, Individuum, Person — das war ja „Innenperspektive“ — auf die Perspektive „Gruppenwesen“, „Sozialisation“, „Meinungsbefragung“, „Manipulation“ usw., wie es der Überhandnahme der „Außenperspektive“ entspricht. Das eigentliche Relief des Menschlichen verflachte so bis auf die Umrisse seiner bloßen Außenseite.

Zu 3. *Festlegung von Überprüfungsverfahren*

Erst in diesem Aspekt zeigt sich die Dominanz des Methodischen in der modernen Wissenschaft in ihrer vollen Bedeutung, zugleich damit aber auch ihre Verengung im Ansatz.

So ehren-, ja begrüßenswert es ist, die Notwendigkeit der Überprüfung und damit der kritisch-skeptischen Sicherung wissenschaftlicher Aussagen immer wieder zu betonen, so bürokratisch-ängstlich, ja letztendlich problemvernichtend ist es auch, wenn schließlich das Überprüfungskriterium zum problemkonstituierenden Hauptaspekt wird, wenn z. B. Aufgabenstellungen daran gemessen und deswegen gewählt oder nicht gewählt werden, weil sie gut oder nicht gut überprüft bzw. beurteilt werden können, wie — im schulischen Bereich — etwa ein Multiple-choice-Test im Verhältnis zum alten „Besinnungsaufsatz" im Deutschunterricht o. ä. Auch die berühmte Formel, Intelligenz sei das, „was die Intelligenztests messen" gehört hierher, wie überhaupt die gesamte Problematik sogenannter „operationaler Definitionen" u. a. m.

Aus den skizzierten Gründen ist es notwendig, eine Reihe von metatheoretischen Überlegungen anzustellen und Fixierungen bzw. Vereinbarungen über Auswahlkriterien und Problemkonstitution, Begriffsgebrauch und Überprüfungsmöglichkeiten zu treffen, um Diskussion überhaupt möglich zu machen[9].

---

[9] Vgl. dazu auch E. KÖNIG, a. a. O., S. 55 ff.

Auswahlkriterien und Problemkonstitution

Die entscheidende problemkonstituierende Variable für die Konzeption stufenbezogener Didaktik war das Lehrerausbildungsgesetz des Landtages NW vom Oktober 1974, das die Lehrerausbildung in die schwierige und nicht ohne weiteres auflösbare Spannung zwischen Stufenbezug und Schulformbezug bringt.

Lehrerausbildung hat das Ziel, beim werdenden Lehrer die Kompetenz aufzubauen, die ihn befähigt, Lernprozesse zu planen, in Gang zu setzen, effektiv zu steuern, ihre Ergebnisse zu sichern und über sie zu reflektieren. Die Theorie, nach der sich das vollzieht, ist die Didaktik.

Einer stufenbezogenen Lehrerausbildung hätte eine stufenbezogene Didaktik zu entsprechen. Sie hat sich zu orientieren an *bildungspolitischen und gesetzlichen Vorgaben.* Diese waren zwar teilweise different, insofern sie teils „horizontal" auf Stufenbezüge (Strukturplan, LABG-NW), teils „vertikal" auf Schulformbezüge (SchVG-NW) abhoben, aber dadurch nicht unbedingt logisch widersprüchlich. Sie konnten im Gesamtzusammenhang gesehen und als sich gegenseitig modifizierend interpretiert werden, d. h. die sich in den Differenzen meldenden divergierenden Aspekte konnten möglicherweise durch eine die horizontale wie die vertikale Dimension berücksichtigende, dialektische Interpretation in eine positive, tragfähige Beziehung gebracht werden. Diese zweidimensionale Interpretation war ein leitender Gesichtspunkt für die Konstitution einer stufenbezogenen Didaktik.

Von den beschriebenen Konstitutionsbedingungen her ist stufenbezogene Didaktik mehr objekttheoretisch als metatheoretisch orientiert, d. h. sie ist mehr Theorie einer Wirklichkeit als theoretische Reflexion auf Theorie. Sie soll als handlungsleitende Theorie vor allem eine stufenbezogene Lehrerausbildung in einem vorwiegend nach Schulformen gegliederten Schulsystem ermöglichen. Daß sich dabei langfristig möglicherweise und allmählich auch verändernde Umformierungen dieses Schulsystems ergeben, hat der Gesetzgeber höchstwahrscheinlich billigend in Kauf genommen, eventuell gar beabsichtigt. Mit Sicherheit ist die Grundorientierung am „horizontalen" Bezug der Stufe als teilweise Korrektur des — nach

Meinung der Gesetzesinitiatoren — zu sehr an der Vertikalität weitgehend undurchlässiger Säulen orientierten Schulsystems gemeint.

Grundsätzlich ist bei Konzeption einer Theorie stets zu beachten, daß Theoriegebilde zwar einen in sich konsistenten logischen Zusammenhang darstellen, wenn sie sachgerecht und richtig konzipiert sind, daß aber von einer Theorie als einem Gebilde auf einer relativ hohen Abstraktionsebene nicht erwartet werden kann, daß sie Einzelentscheidungen in konkreten Bereichen sicher programmiert und präformiert. Hier kann die Theorie allenfalls Orientierung geben; die volle Last der Einzelentscheidungen bleibt unabhängig davon jeweils auf der konkreteren Ebene zu tragen. Das bedeutet: die Theorie einer stufenbezogenen Didaktik stellt als Rahmen generelle Entscheidungshilfen im Zusammenhang der Lehrerbildung zur Verfügung.

Begriffsgebrauch, Erklärungen und Explikationen

Zunächst — das hat die erziehungswissenschaftliche Diskussion der letzten Jahre deutlich gemacht — gibt es zwischen den Begriffen Didaktik, Curriculum, Richtlinien/Lehrplänen und dergleichen weite Überschneidungen; sie sind partiell identisch, partiell — vor allem in der Schwerpunktsetzung — different[10]. „*Richtlinien* legen Ziele, Grundsätze und Anforderungen von Unterricht fest; in ihnen wird das Prinzip der öffentlichen Verantwortung für das Bildungswesen deutlich. In *Curricula* werden Richtlinien konkretisiert. Sie stellen Zusammenhänge zwischen den einzelnen didaktischen Feldern dar, versuchen sie zu begründen, geben Hinweise zur Realisierung im Unterricht und zur Überprüfung des Lernerfolgs“[11].

Didaktik schließlich ist verstanden als Theorie-System sich gegenseitig bedingender und modifizierender Aussagen über Bedingungslage (1.), Zielsetzungen, Inhalts- bzw. Themenbegründung und -auswahl (2.), Methoden- sowie Organisationsprobleme (3.) und Erfolgskontrolle (4.) im Bereich organisierten Lernens und Lehrens. Sie will Handlungskompetenz begründen.

So prägnant und knapp, wie überhaupt möglich, zusammengefaßt, sind es also vier Felder, die Didaktik beschreiben und auf denen sie Entscheidungen vorschlagen und diese in ihren Beziehungen zueinander analysieren muß:

1. Bedingungen
2. Ziele
3. Methoden
4. Überprüfung

Im einzelnen wird dazu, was diese Aspekte im Rahmen einer stufenbezogenen Didaktik betrifft, später noch vieles zu sagen sein. Es ist klar, daß z. B. die Frage, was jeweils relevante Bedingungen sind, schon das Problem der Auswahlkriterien tangiert, daß es Auffassungen gibt, die Ziele und Inhalte lieber getrennt behandelt

---

[10] Vgl. u. a. W. KLAFKI: Erziehungswissenschaft als kritisch-konstruktive Theorie: Hermeneutik-Empirie-Ideologiekritik. In: Zs. f. Päd. 17 (1971).

[11] Nach einem im Auftrag des KM/NW erarbeiteten Entwurf.

wissen wollen, desgleichen vielleicht Methoden- und Organisationsfragen. Wie man die relevanten Aspekte gruppiert und zusammenfaßt, ist zwar folgenreich, aber dann nicht entscheidend, wenn man sich jeweils um möglichst vollständige Erfassung der beteiligten Variablen bemüht, ihre Zuordnung und Beziehungen zueinander diskutiert und damit eigene Entscheidungen, so weit wie irgend möglich, offenlegt und für sich selbst und andere transparent macht.

Ebenso ist klar — und dem Kundigen wohl auch ohne weiteres durchsichtig —, daß in den Vorschlägen, die hier gemacht werden, die Diskussion der letzten Jahre über Konzeptionen der Didaktik verarbeitet und zugrunde gelegt ist[12].

Die hier vorgeschlagenen vier Strukturfelder als Ordnungsprinzip von Didaktik entsprechen wohl in etwa dem heutigen Stande der Entwicklung, wie sie sich aus der Diskussion der seinerzeitigen Vorschläge der Berliner Schule[13] ergeben hat.

Darüber hinaus ist deutlich geworden, daß eine zu enge metatheoretische Präformierung nur zu Einengungen des Blickfeldes und Verkümmerungen des Problembewußtseins führt. Wissenschaftstheoretische Grundlagen jeder Didaktik müssen daher grundsätzlich nach allen Seiten offenbleiben und dürfen weder positivistisch noch ideologiekritisch „halbiert"[14] werden, d. h. es sind sowohl „hermeneutische" als auch „analytische" Methodenansätze verwendbar. Das ist nicht unentschiedener oder gar weich- „harmonistischer" Eklektizismus, sondern notwendiges Prinzip zur Vermeidung von Partialblindheit und hat ferner die — ebenfalls notwen-

[12] Vgl. H. BLANKERTZ 1969, J. S. BRUNER 1970, W. KLAFKI, G. OTTO, W. SCHULZ 1972², G, HEIMANN, G. OTTO, W. SCHULZ 1965 u. ö. und andern mehr.

[13] HEIMANN, OTTO, SCHULZ: Unterricht — Analyse und Planung, Hannover 1965 u. ö.

[14] J. HABERMAS: Gegen einen positivistisch halbierten Rationalismus. In: Kölner Zeitschrift für Soziologie und Sozialpsychologie, 1964.

Zu den wissenschaftstheoretischen Grundlagen vgl. auch: L. HARDÖRFER: Die wissenschaftstheoretische Fragestellung als Basisproblem der Lehrerfortbildung. In: Wissenschaftstheorie in der Lehrerfortbildung I, Tagungsberichte des Landesinstituts für schulpädagogische Bildung Nordrhein-Westfalen, Heft 70, 1977. 2. Aufl. 1979.

dige — Konsequenz, daß sowohl deskriptive wie präskriptive Aussagen möglich und begründbar sind.

Doch was ist „Stufe"? Da sich eine stufenbezogene Didaktik zweifellos auf diesen Aspekt beziehen will, muß vorher geklärt sein, was er besagt, und das zumal insofern, als es immer gerade in bezug auf die Frage Mißverständnisse gegeben hat, was „Stufe" ist und welche Bezüge der Begriff impliziert. Insbesondere die auch in der Entwicklungspsychologie ja i. w. ad acta gelegte Vorstellung eines Ablaufs in deutlich voneinander abgrenzbaren, zeitlich eingrenzbaren „Stufen" und Phasen der psychischen Entwicklung hat hier immer wieder zu Verwirrungen geführt[15].

Stufe ist kein primär entwicklungspsychologischer und nicht unbedingt ein auf das Lebensalter bezogener Begriff. Stufe meint vielmehr primär eine horizontale Strukturierung der Lernorganisation und ist somit ein in erster Linie lernorganisatorischer Begriff. Stufen sind die Schichten und Zeiträume, die man während des Lernens durchläuft, d. h. es gibt eine Anfangs- (Primar-)stufe, die keine speziellen, in organisierten Lernprozessen erworbenen Lernerfahrungen voraussetzt, wohl aber allgemeine Ergebnisse vorgängiger, auch schichtenspezifischer, Sozialisation. Die späteren Stufen (Sekundarstufe I und II) sind dann vor allem durch die vorausgehenden Lernerfahrungen und -erfolge determiniert.

Der Stufenbegriff will all diese Lernentwicklungen immer wieder im horizontalen Schnitt aufeinander beziehen, untereinander vergleichen und separate vertikale Entwicklungen in die Horizontalität einbinden und an ihr korrigieren. Der Stufenbegriff impliziert den horizontalen Vergleich und die Orientierung daran.

Erst sekundär lassen sich damit auch Jahrgangsklassenstufen korrelieren, nach denen Schule organisiert ist. Notwendig allerdings ist diese Korrelation nicht. Tertiär schließlich läßt sich vielleicht auch einiges Allgemein-Entwicklungspsychologische in aller Vorsicht dazu aussagen.

Nach allem Vorausgegangenen läßt sich im Vorgriff formulieren, was stufenbezogene Didaktik bedeuten könnte:

---

[15] Vgl. dazu H. NICKEL, Bd. 1, [3]1975, S. 41 ff.

Stufenbezogene Didaktik ist zunächst allgemeine Didaktik und enthält prinzipiell dieselben Aspekte wie diese, akzentuiert sich aber aus einem System begründeter Stufenschwerpunkte von Stufe zu Stufe je anders.

Als kritische Begründung dieses Akzentuierungssystems ist stufenbezogen-allgemeine Didaktik als orientierende Vorgabe *stufenbezogener Fachdidaktik* vorgeordnet.

Zwischen allen Aspekten von Didaktik — also auch im stufenbezogenen Bereich — besteht ein Implikations- oder Interdependenzzusammenhang[16] — er wurde in unserem Definitionsversuch durch die Formel „sich gegenseitig bedingend und modifizierend" ausgedrückt —[17]; das bedeutet jedoch nicht Gleichgewichtigkeit oder gar beliebige Austauschbarkeit; vielmehr bleibt die *Prävalenz der Zielsetzungen* davon unberührt, Interdependenz wird erst relevant bei Beantwortung der Frage, ob und wie sie realisierbar sind und fruchtbar gemacht werden können.

Dem Terminus „Stufenbezogene Didaktik" schließlich wurde nach längeren Diskussionen und Überlegungen deswegen der Vorzug von dem kürzeren „Stufendidaktik" gegeben, weil dem irreführenden Eindruck entgegengewirkt werden sollte, als handele es sich bei dieser Didaktik um etwas grundsätzlich ganz anderes als das, was die Tradition didaktischer Reflexion bisher schon erörtert hatte. Es geht nicht um eine neue, andere Didaktik, sondern um eine andersartige Akzentuierung von Schwerpunkten in der Didaktik.

Auch der möglichen Mißdeutung, es gebe also nun für jede Stufe eine besondere, für sich zu begründende Didaktik, galt es entgegenzuwirken. Es waren gerade nicht eine Primar- und eine, möglicherweise gar zwei Sekundarstufendidaktiken zu konstituieren, sondern im Gegenteil es waren die sich gegenseitig bedingenden unterschiedlichen Akzentuierungen des einen didaktischen Gesamtsystems zu beschreiben und zu begründen.

---

[16] W. SCHULZ in: Heimann, Otto, Schulz 1965, S. 45.

[17] Vgl. S. 22; man könnte auch von dialektischem Auf-einander-bezogen-Sein reden.

Überprüfungsmöglichkeiten — „Evaluation“

Aus den bisher vorgetragenen Überlegungen ergibt sich:
Das Problem stufenbezogener Didaktik ist formulierbar; es ist kein Scheinproblem; daß es lösbar ist, kann unterstellt werden; ob mögliche Lösungen allerdings fruchtbar sind, muß vorläufig dahingestellt bleiben.
Oder anders:
Stufenbezogene Didaktik wird zunächst als Hypothese formuliert; was sie leisten kann, muß erst überprüft werden. Die Leistungsfähigkeit des Konstrukts bleibt kritischer Infragestellung und grundsätzlich der Überprüfung offen.
Ausbildung kann man gesetzlich, laufbahnrechtlich usw. institutionalisieren; stufenbezogene Didaktik hingegen ist wegen ihres höheren Differenzierungsgrades und der Fülle der eingehenden Variablen, die sich gegenseitig bedingen und modifizieren, nicht so ohne weiteres komplett zu konstruieren und zu verordnen. Weder vollständige Aufzählung der einzelnen relevanten Variablen ist im vorhinein möglich noch Vorausberechnung oder auch nur Abschätzung der Auswirkung des einen oder anderen Aspektes auf den Gesamtzusammenhang. Analytische Einzelforschung dauert zu lange, bringt außerdem für den Gesamtzusammenhang kaum Relevantes, weil jeweils viel zu viel als „störende Randbedingung“ ausgeklammert werden muß.
Was sinnvoll, möglich und fruchtbar ist, kann nur erkannt und überprüft werden, indem man es realisiert, d. h. man muß in der Realität von Lehrerausbildung anhand von Einzeldimensionen der Theorie prüfen, wie eine stufenbezogene Lehrerausbildung und die zugleich mit ihr zu entwickelnde stufenbezogene Didaktik in einem vertikal gegliederten Schulsystem aussehen können. Der Druck der Situation erfordert pragmatisches Vorgehen, das bedeutet aber nicht kopfloses Wursteln oder zufälliges Herumprobieren, sondern ein hypothetisch entworfenes *kritisch-konstruktives Handlungskonzept*, das prinzipiell offen ist und sich Schritt für Schritt der Überprüfung stellt[18].

---

[18] Dies auch im Sinne von W. KLAFFKI 1971.

Nur in der kritisch-skeptischen Beobachtung der in behutsamen Schritten vollzogenen handelnden Realisierung wird auch — ebenfalls schrittweise — Erfolgs- bzw. Effizienzkontrolle möglich, d. h. die Beantwortung der Frage: Wie weit ist das alles sinnvoll und fruchtbar? Bringt es wirklich das, was man sich davon verspricht? Um allerdings, wie vorhin schon dargelegt, den Problemkreis und die Perspektivität nicht von vornherein unzulässig einzuengen, darf die Festlegung von differenzierten und operationalisierten Überprüfungskriterien und -verfahren nicht schon mit der Phase der Problemkonstitution/Hypothesenbildung vermengt werden. Evaluationsprozesse sollten prinzipiell im Nachhinein möglichst von anderen als den Konstrukteuren in Gang gebracht werden.

Strukturkonzept

Aus den bisherigen Überlegungen ergibt sich, daß das *Strukturkonzept einer stufenbezogenen Didaktik* besonders auf diejenigen Variablen einer allgemeinen Didaktik abheben muß, die stufenspezifische Unterschiede akzentuieren; diese Variablen sind die eigentlichen Konstituanten stufenbezogener Didaktik; sie zu eruieren und in ihrer Bezogenheit aufeinander zu interpretieren und darzustellen ist die Aufgabe dieses didaktischen Ansatzes.

Dabei ist zugleich impliziert, daß es Aspekte von solcher Allgemeinheit gibt, daß sie stufenübergreifende Gültigkeit beanspruchen können, aber unter Umständen modifizieren auch sie sich, wenn sie im Rahmen einer auf Stufen orientierten Überlegung interpretiert und analysiert werden.

So ist es z. B. eine kaum noch zu diskutierende Selbstverständlichkeit, daß die allgemeinste Zielorientierung in der dialektischen Spannung von Selbstdefinition — Mündigkeit — „Emanzipation" und Anpassung — Einordnung — Sozialisation zu geschehen hat. Aber eine stufenbezogene Didaktik gewinnt aus der zunehmenden Betonung des „emanzipatorischen" Aspektes durch die Stufen von der Primarstufe bis zur Sekundastufe II hindurch ein leitendes Prinzip, das dann je stufenspezifisch neu interpretiert werden muß. Dialektisch aufgefangen wird die zunehmende Entfaltung des „emanzipatorischen" Prinzips durch die durchgängige Betonung des konkurrierenden Prinzips des sogenannten „sozialen Lernens".

In ähnlicher Weise ist ein Gesichtspunkt wie „ungleiche Lernvoraussetzungen" auf jeder Stufe gegeben, aber Begründung sowohl wie daraus resultierende didaktische Reaktionen sind je verschieden.

Aus der hier vertretenen These von der Prävalenz der Zielsetzungen ergibt sich, daß die Konzeption einer stufenbezogenen Didaktik *von den Zielsetzungen als primärer Vorgabe*, d. h. als der weitgehend unabhängigen Variablen *ausgehen* und die anderen didaktischen Hauptaspekte als abhängige Variable interpretieren muß.

Die erziehungswissenschaftliche und curriculare Diskussion der letzten Jahre hat einige Klarheit darüber gebracht, daß aus allgemeinen Zielsetzungen weder inhaltlich-thematische Vorschläge (sofern sie in ihnen nicht bereits impliziert sind) noch organisatorische oder methodische Entscheidungen „deduziert“ werden können[19]. Alle Sekundäraspekte von Didaktik können nur im Sinne von Hypothesen als *Mittel-Korrelationen zur Realisierung der Ziele* vorgeschlagen werden.

Das hat wiederum zwei Implikationen:

1. Die „Mittel“ sind stets „offen“ eingesetzt und bleiben disponibel, d. h. müssen ständig verbessert und bei dauerndem Nicht-Erfolg durch vermutlich besser geeignete ersetzt werden.
2. Unter dem Druck etwaiger längerfristiger Nicht-Realisierbarkeit modifizieren sich (sekundär) auch allmählich die Ziele.

Die Realisierbarkeit von Zielsetzungen wiederum ist abhängig einerseits von der Art dieser Ziele selber — utopische, grundstürzend alles verändernde werden weniger leicht oder gar nicht realisierbar sein — andererseits von den *Bedingungen*, auf die sie treffen.

Es wird also nützlich sein, Zielsetzungen jeweils darauf zu befragen, wie groß der Grad der Veränderung ist, den sie anstreben, um besser die Möglichkeiten der Realisierung abschätzen zu können.

Darüber hinaus ist es notwendig, jeweils die Bedingungslage so genau wie nur möglich zu analysieren, um halbwegs realistische Prognosen zu ermöglichen. Notwendig ist sowohl eine möglichst vollständige Auflistung der relevanten Bedingungen als auch der Versuch, zwischen veränderbaren und unveränderlichen Bedingungen zu unterscheiden und darüber hinaus bei den ersteren zu klären, ob sie rascher und leichter oder langsamer und nur schwer, ja vielleicht eben doch kaum zu verändern sind.

Das bedeutet: Die Konstruktion einer stufenbezogenen Didaktik ist im wesentlichen auf drei Ebenen zu diskutieren:

1. auf der Ebene der Explikation stufenspezifischer *Zielsetzungen*,
2. auf der Ebene der Hypothesenbildung über *Mittel-Korrelationen*,
3. auf der Ebene der Analyse der *Bedingungslage*.

---

[19] H. BLANKERTZ 1969, S. 18 ff.; H. L. MEYER 1972.

Gemäß dem Implikations-Axiom ist das aber „nur der Idee nach“ auf völlig getrennten Ebenen möglich.
Auch die Reihenfolge der Erörterung folgt pragmatischer Notwendigkeit, nicht gegebenen Gesetzlichkeiten.

Stufenzielsetzungen

Stellt man die Frage nach den Zielen der einzelnen Stufen, eine nach den vorangegangenen metatheoretischen Überlegungen ja fundamentale Fragestellung stufenbezogener Didaktik, so stößt man auf Merkwürdiges: Obwohl die Reformdebatte in der Bundesrepublik Deutschland seit dem Ende der 60er Jahre ganz wesentlich um das Problem einer mehr „horizontalen", also auf „Stufen" bezogenen Orientierung von Schule geführt wurde, gibt es weder eindeutig klare und präzise Formulierungen von Stufenzielsetzungen noch gar einen Konsens darüber. Das hängt einerseits damit zusammen, daß Gegensätze um des Konsensus willen in sehr allgemeinen und mehrdeutigen Formulierungen versteckt wurden; ein hervorragendes Beispiel dafür bietet der Strukturplan von 1970. Andererseits steht dahinter die noch schwierigere Problematik der Legitimation von Zielsetzungen.

In einem demokratischen Staat ist Legitimation von Zielen letztlich sicher nur durch die verfassungsgemäß gewählten Organe, die Parlamente, möglich. Sie müssen zustimmen oder ablehnen. Insoweit ist Legitimation von Zielen eine Frage parlamentarischer Mehrheit oder des parlamentarischen Konsenses. Damit reduziert sich die Legitimationsfrage u. U. auf die parlamentarische Machtfrage. Komplexe Sachfragen mit äußerst differenzierter Struktur verkürzen sich auf das Machbare. Die „Experten" finden sich dann in die Rolle von Kronzeugen oder Parteigängern der einen oder anderen Seite gedrängt. Skeptisch-kritische, detaillierte Argumentation, wissenschaftlich verantwortbare Überprüfung ohne Überstürzung werden schwierig.

In einem solchen Klima ist eine breite und fundierte Diskussion von Zielsetzungen — u. a. auch deswegen, weil es allgemein akzeptierte Legitimationsverfahren nicht gibt — kaum möglich, noch weniger ein echter Konsens. Es bleibt faktisch nur der Rekurs auf den Alltagskontroversen weitgehend entzogene Verfassungsgrundlagen, d. h. auf das Grundgesetz. Von daher ergibt sich ein äußerer Rahmen der Zielsetzungen, der gezogen ist durch das Grundgesetz, die Länderverfassungen und die einschlägige Gesetzgebung (in NW z. B. LABG, SchVG usw.). Darüber hinaus sind die Empfehlungen, Gutachten und Studien der Bildungskommission des Bildungsrates als demokratisch legitimierter Planungs- und Beratungsinstanz einschlägig, und des weiteren ist Auseinandersetzung mit der Literatur, d. h. der öffentlichen bzw. veröffentlichten Meinung, notwendig.

Diesen Weg hat dann auch die Bildungskommission seinerzeit eingeschlagen. Im Strukturplan verweist sie, was die allgemeinen Zielsetzungen angeht, auf das Grundgesetz[20] und formuliert als „umfassendes Ziel der Bildung" „die Fähigkeit des einzelnen zu individuellem und gesellschaftlichem Leben, verstanden als seine Fähigkeit, die Freiheit und die Freiheiten zu verwirklichen, die ihm die Verfassung gewährt und auferlegt" — eine im wesentlichen formal-emanzipatorische Zielsetzung also. Diese allgemeine Zielsetzung wird dann auf einzelne Grundrechte hin expliziert, und diese werden als „stellvertretend für alle humanen Grundrechte" interpretiert[21].

Daraus wiederum „ergibt sich, daß das öffentliche Bildungsangebot bestimmte für alle Lernenden gemeinsame Elemente aufweisen muß"[22].

Weiter ins Detail gehend wird dann gefolgert, „Zielorientierung, die pädagogische Grundlinie, die Wissenschaftsbestimmtheit sowohl der Lerninhalte als auch der Vermittlung" müßten „für alle Schullaufbahnen in gleicher Weise gelten", weder die Entgegensetzung einer „volkstümlichen" gegen eine „wissenschaftliche" noch die einer „beruflichen" gegen eine „allgemeine" Bildung seien noch möglich oder gar zu rechtfertigen[23].

Ganz abgesehen davon, daß das generelle Aussagen sind, „unterhalb" deren erst Stufenzielsetzungen formuliert werden können, stellt sich die Frage, ob die Schlußfolgerungen, die ins konkretere Detail führen — z. B. „Wissenschaftsbestimmtheit", Aufhebung des Gegensatzes von „volkstümlicher" und „wissenschaftlicher"

[20] Strukturplan, S. 25 ff.
[21] Strukturplan, S. 29.
[22] a. a. O.
[23] a. a. O., S. 29 f.

bzw. „beruflicher“ und „allgemeiner“ Bildung —, stringent und notwendig sind.

Man könnte z. B. der Meinung sein, „Wissenschaftsbestimmtheit“ jeglichen Unterrichts und Aufgabe seiner „volkstümlichen“ Variante trügen gerade insofern nicht zur Herstellung von mehr (Chancen-)Gleichheit bei, als sie es Kindern mit weniger intellektueller Lernstruktur durch die ständige Gefahr des Fehlschlags, der sie sich ausgesetzt sehen, nur noch schwieriger machen, die Kompetenzen zu erwerben, die sie zur vollen Wahrnehmung ihrer bürgerlichen Rechte und Pflichten in den Stand setzen.

Mit anderen Worten: Selbst dann, wenn oberste Ziele und Normen weitgehend unumstritten sind, ist noch keineswegs eindeutig klar, war aus ihnen auf konkreteren, weniger allgemeinen Ebenen gefolgert werden soll. „Deduktion“ von höheren Normen auf solche engeren Anwendungsbereichs ist nicht möglich[24], auch analytische Zergliederung, etwa in Art der antiken Dihairetik, ist nur bedingt brauchbar[25].

Oder noch anders: Auch im Bereich der Ziele selber gilt für das Verhältnis von übergeordneten zu untergeordneten, bzw. von Zielen höheren und geringeren Abstraktionsniveaus, dasselbe wie für das Verhältnis von Zielen und Methoden, die zu ihrer Realisierung eingesetzt werden: sie müssen hypothetisch korreliert und in ihren Wirkungen überprüft, notfalls, wenn sich ein Zusammenhang als nicht tragfähig erweist, modifiziert oder gar grundsätzlich verändert werden.

In dieser Sicht erweisen sich Taxonomien als vernünftige und brauchbare Hilfsmittel zur Koordinierung von Lernzielen, denn in ihnen sind mögliche Korrelationen von Zielen höheren mit solchen niedrigeren Abstraktionsniveaus vorgeschlagen und mehr oder weniger systematisch zusammengestellt[26].

Prinzipiell hat es wohl keinen Sinn, darüber zu streiten, auf wievielen Abstraktionsniveaus Lernziele formuliert, wie sie kategori-

[24] H. BLANKERTZ 1969, S. 19 ff.

[25] Vgl. etwa die Diskussion um die Taxonomie (Bloom, Krathwohl), z. B. H. L. MEYER ²1975, hier auch das sogenannte „Kleinarbeiten“ von Lernzielen im Zusammenhang von „Operationalisierung“, S. 60—62.

[26] Vgl. dazu und zum folgenden auch: W. ZIMMERMANN 1977, bes. S. 96 ff.

siert werden können und ob man von oberen und unteren, allgemeinen und besonderen, Richt-, Grob- und Feinzielen, Qualifikationen, Dispositionen oder von was immer reden soll. Hier soll für die oberste Ebene der Ausdruck „Richtziele“ und für etwas tiefer liegende Ebenen der Ausdruck „spezielle Lernziele“ verwendet werden[27].

Auch die Frage der sogenannten Dimensionierung von Lernzielen in kognitive, emotional-affektive und pragmatisch-sensumotorische hat weit weniger Relevanz, als ihr in der Diskussion oft zugeschrieben wird. Dies schon allein deswegen nicht, weil die Dimensionen, zumal die kognitive und die affektive, oft nur sehr schwer zu trennen sind. Natürlich und mit Recht ist die kognitive Dimension die schulisch in allererster Linie relevante, gefolgt in einigem Abstand von der emotionalen und mit sehr weitem Abstand von der pragmatischen. Das hat mit der Bedeutung intellektueller Fähigkeiten und Prozesse für das Leben nur bedingt etwas zu tun, sehr viel aber mit Schwierigkeit und Komplexität von Lernprozessen. Für faktisches Handeln in der Wirklichkeit sind moralisch-emotionale Grundeinstellung, oft auch pragmatische Fähigkeiten wichtiger, aber das muß nicht erst alles, ja kann vielfach gar nicht in der Schule gelernt werden.

Von größerer Bedeutung erscheint da die — in letzter Zeit etwas in den Hintergrund getretene — Unterscheidung zwischen mehr „formalen“, auf die Person und die Entfaltung ihrer Möglichkeiten zielenden und mehr „materialen“, auf Kultur- und Wissenschaftsinhalte gerichteten Zielsetzungen; insbesondere ihre grundsätzlich notwendige „kategoriale“ Verschränkung, auf die Klafki hingewiesen hat, gilt es im Blick zu behalten[28], um das nötige Gleichgewicht zwischen beiden Aspekten zu gewährleisten und weder ins solipsistische noch ins ausschließlich gesellschaftsbezogene Abseits zu geraten. Die kategoriale Mitte zwischen personal-individuellem Emanzipations- und gesellschaftlichem Sozialisations- (= Anpassungs-)Anspruch ist noch nicht gefunden, nicht einmal in ihrer dialektischen Spannung — und Härte! — bisher recht zu *denken* gewagt worden.

---

[27] Dazu H. L. MEYER, ²1975, S. 37 ff.

[28] W. KLAFKI 1963; L. HARDÖRFER 1978, S. 22 ff.

Aussagen des Strukturplans zu Stufenzielsetzungen

Was der Strukturplan über Zielsetzungen der Stufen auszusagen hat, ist fragmentarisch und lückenhaft.
Ausdrücklich von Zielen oder Zielsetzungen ist nur in bezug auf den Elementarbereich[29] und den Sekundarbereich[30] die Rede. Vielfach sind aber Zielangaben in anderen Aspekten und Formulierungen versteckt z. B. wenn von „Aufgaben des Kindergartens“[31], „Grundlegenden Neuerungen“ im Primarbereich[32] oder „Allgemeinen Gesichtspunkten für die Gestaltung der Sekundarstufe II“[33] gesprochen wird.
Sowohl diese formale Unklarheit wie die schon angesprochene „schwebende“ Mehrdeutigkeit vieler Formulierungen machen es außerordentlich schwierig, aus dem Strukturplan allzu Detailliertes und Eindeutiges in bezug auf Stufenzielsetzungen herauszulesen; er enthält zwar einige Kriterien für die Abrenzung von Stufen, bleibt aber insgesamt zu global-unbestimmt und ist darüber hinaus grundsätzlich im Reform-Optimismus seiner Entstehungszeit zu sehr befangen. Er ist wesentliche Initialzündung und unerläßliches Hilfsmittel, muß aber kritisch und skeptisch gelesen werden und bedarf dringend der Interpretation.
Ganz grundsätzlich schätzt der Strukturplan die Bedeutung von Lernprozessen, d. h. auch der Einwirkungsmöglichkeiten von Schule, höher ein, als das — seiner Meinung nach — in der vorherigen „Tradition“ der Fall war, Aufwertung der Bedeutung von Lernprozessen gegenüber sogenannten „Reifungsvorgängen“, gar Bedingtheiten durch das sogenannte „genetische Potential“, ist ein Grundpostulat, das sich auch durch den als theoretische Parallelabstützung des Strukturkonzeptes gedachten Sammelband von Heinrich Roth hindurchzieht[34].

---

29 Strukturplan, S. 110 ff.
30 Strukturplan, S. 147 ff.
31 Strukturplan, S. 102.
32 Strukturplan, S. 132 ff.
33 Strukturplan, S. 163 ff.
34 H. ROTH (Hrsg.): Begabung und Lernen. Gutachten und Studien der Bildungskommission 4. Stuttgart (Klett) [5]1975.

So heißt es etwa im Strukturplan in bezug auf den Elementarbereich: „Eine erzieherische Einstellung, die glaubt, abwarten zu müssen, bis ein Kind „reif“ für gewisse Lernprozesse geworden ist, mißversteht den Entwicklungsprozeß einseitig als Reifungsvorgang und versäumt es, die Lernmöglichkeiten der frühen Jahre zu nützen“[35].

Diese nur vordergründig deskriptive Aussage beinhaltet in Wahrheit die eindeutige Präskription, die anderwärts im Strukturplan auch deutlicher als solche formuliert hervortritt: Lernprozesse sollen gezielt möglichst früh einsetzen, soweit irgend möglich, wesentlich früher, als bisher allgemein üblich!

Die Intentionen des Strukturplans lassen sich in diesem Betracht auf zwei Thesen bringen, die immer wieder in neuen Zusammenhängen variiert und expliziert werden:

— Lernprozessen kommt eine wesentlich fundamentalere Bedeutung zu als bisher im allgemeinen angenommen.
— Lernprozesse sollten so früh wie nur möglich einsetzen und so konsequent wie nur möglich durchgehalten werden.

Das wirkt dann auf Aussagen ein, die als Stufenzielsetzungen gemeint sind oder als solche verstanden werden können.

So heißt es als Zielsetzung für den *Elementarbereich*, es sei „das allgemeine Ziel, durch ein Bildungsangebot, das allen Kindern zugänglich ist, die Lern- und Entwicklungsfähigkeit zu erhöhen und durch Anregungen umweltbedingte Defizite des Kindes auszugleichen“[36]. Das beinhaltet nach Auffassung der Autoren die Aspekte sowohl der „Individualisierung“ als auch des „sozialen Lernens“[37] sowie die Konsequenz der „Einbeziehung des Kindergartens in das Bildungswesen“, um „schon das kleine Kind in den Wirkungsbereich sorgfältig überlegter und geplanter Lernprozesse zu bringen“[38].

Für den *Primarbereich* werden unter der Überschrift „Grundlegende Neuerungen“ im wesentlichen folgende Zielsetzungen formuliert[39]:

[35] Strukturplan, S. 107.
[36] Strukturplan, S. 110.
[37] Strukturplan, S. 111.
[38] Strukturplan, S. 112.
[39] Strukturplan, S. 132 ff.

— Anspruchsvolles Lernen auf allen Stufen (gemeint ist: der Primarstufe),
— Möglichkeit für den Schüler, individuelle Leistungsschwerpunkte zu bilden, d. h. Individualisierung und Differenzierung,
— Einsteuerung der Lernprozesse zwischen dem „Kriterium der Kindgemäßheit“ und einer „prinzipiellen wissenschaftlichen Orientierung“.

Das hat nach Meinung der Autoren Folgen für eine Wandlung der Lehrerrolle und erfordert auch neue Inhalte, die als „Anfänge der Naturwissenschaften, der Sozialwissenschaften sowie eine moderne Mathematik und Sprachlehre ... in elementarisierter Form“[40] bezeichnet werden.

Im Abschnitt „Ziele und Gliederungen“ wird für den *Sekundarbereich I* — nun wieder etwas expliziter — und unter Hinweis auf die Empfehlung „Zur Neugestaltung der Abschlüsse im Sekundarschulwesen“[41] im wesentlichen folgendes formuliert[42]:
— Berücksichtigung einer breiten Skala von Interessen und Befähigungen der Jugendlichen,
— Förderung des einzelnen bis zu der von ihm erreichbaren Stufe,
— Hinführung der Schulabgänger „auf eine den individuellen und gesellschaftlichen Bedürfnissen angemessene Weise“ ... „von allen Qualifikationsebenen aus ... zu beruflichen Fähigkeiten oder zu weiterführenden Bildungsgängen“, ein Aspekt, der von mir im folgenden unter der sehr abgekürzten Formel „Verteilung/Verteilen“ zu fassen gesucht wird,
— Fähigkeit, Bildungsbemühungen aus eigener Initiative fortzuführen („ständiges Weiterlernen“),
— Fähigkeit, seine Rechte und Pflichten in der Gesellschaft wahrnehmen zu können.

Dabei sollen möglichst viele Jugendliche einen möglichst qualifizierten Sekundarabschluß I, damals noch euphorisch „Abitur I“

---

[40] Strukturplan, S. 134.
[41] Verabschiedet auf der 20. Sitzung der Bildungskommission am 7./8. Februar 1969.
[42] Strukturplan, S. 147 ff.

genannt, erreichen. Das wiederum hat unter anderem zur Voraussetzung, daß die Lehrpläne entsprechend gestaltet werden und „daß Übergänge zwischen den verschiedenen Schulen leicht möglich sind“[43].

In bezug auf den *Sekundarbereich II* ist es am allerwenigsten möglich, dem Strukturplan irgenwo klare und eindeutige Aussagen zur Zielsetzung zu entnehmen. Es gibt nur Vage-Ungefähres, was allenfalls als in diese Richtung gehend interpretiert werden könnte.

So heißt es dort etwa:[44]

— die Bildungsgänge in der Sekundarstufe II seien „vielfältig differenziert“ und

— führten „zum Abitur II und zu berufsqualifizierenden Abschlüssen unterschiedlichen Niveaus“,

— die Sekundarstufe II werde „als eine differenzierte Einheit begriffen“,

— das „Denken in Bildungsinstitutionen“ trete „hinter dem Denken in Bildungsgängen zurück“,

— die Sekundarstufe II sei „wesentlich stärker differenziert als die zuvor behandelten Teile des Bildungswesens“ und

— „das Verhältnis von allgemeiner zu beruflicher Bildung“ ... müsse „neu durchdacht werden“.

Das Abitur II schließlich sei „nach inhaltlich bestimmten Profilen differenziert“ und eröffne „den Zugang zum Studium im Hochschulbereich“, berechtige jedoch „nicht zur Wahl beliebiger Studiengebiete“. Also: Ende der allgemeinen Hochschulreife. „Abitur II“ ist somit keineswegs identisch mit dem, was man traditionell und, da ja die Intention auf das „Abitur II“ bisher nicht verwirklicht werden konnte, auch heute im allgemeinen noch als „Abitur“ bezeichnet, nämlich den zur „allgemeinen Hochschulreife“ führenden erfolgreichen Abschluß eines Gymnasiums.

Das Verbergen von offensichtlich noch weit von der Realisierung entfernten Zielperspektiven in deskriptiven Formulierungen, die den eigentlich postulativen Charakter verdecken, fällt in diesen Abschnitten des Strukturplanes besonders auf.

---

[43] Strukturplan, S. 148.

[44] Strukturplan, S. 159 ff.

Doch sind die hier im Strukturplan getroffenen Formulierungen, sieht man einmal von vorhergehenden und nachfolgenden, vorbereitenden und einzelnen weiterführenden Veröffentlichungen der Bildungskommission[45] ab, die einzigen Aussagen zu Stufenzielsetzungen mit einigem Verbindlichkeitscharakter. Trotz ihrer Befangenheit im Reformoptimismus der beginnenden 70er Jahre, die durch realistischere Interpretation reduziert werden kann, müssen auf ihnen Versuche aufbauen, die Zielsetzungen im Rahmen der Konzeption einer stufenbezogenen Didaktik präziser und eindeutiger zu formulieren.

---

[45] Vgl. die Empfehlungen der Bildungskommission
— Zur Einrichtung von Schulversuchen mit Gesamtschulen, 1969
— Zur Neugestaltung der Abschlüsse im Sekundarschulwesen, 1969
— Zur Förderung praxisnaher Curriculumentwicklung, 1973 u. a. m.

Vorschlag für ein Konzept von Stufenzielsetzungen

So relativ diffus die Aussagen des Strukturplans auch sein mögen, so klar läßt sich aus ihnen doch die Grundstruktur der allgemeinsten Stufen-Zielsetzungen und ihr grundsätzliches Verhältnis zueinander ablesen bzw. herausinterpretieren. Das hängt mit der gesellschaftlichen Grundsituation von Schule zusammen: Schüler kommen mit den unterschiedlichsten Sozialisationsvorgaben in der Schule zusammen und verlassen sie nach längerem Aufenthalt wieder in Richtung auf das „Leben“, d. h. speziell: sie treten allmählich in das Berufsleben ein oder bereiten sich im tertiären Bereich der Hochschulen auf das Berufsleben vor. Das ist ebenso wahr wie banal. Und doch lassen sich gerade mit Bezug auf diesen allgemeinen Orientierungshorizont am ehesten Stufenzielsetzungen ermitteln.

Das bedeutet schwerpunktartig:
— Ausgleich unverschuldeter Sozialisationsdefizite,
— Befähigung zur Wahrnehmung der bürgerlichen Rechte und Pflichten,
— Hinführung zum Beruf
— Ausbildung von Fähigkeiten, die dem einzelnen zur Selbstfindung verhelfen und der Allgemeinheit nützen.

Auf eine allerknappste, aber vielleicht gerade so die stufenbezogene Intention am deutlichsten hervorhebende Form gebracht, wären die Richtziele der Stufen in etwa so zu formulieren:

— Primarstufe: *Ausgleichen und Fördern,*
— Sekundarstufe I: *Förderung und Verteilen,*
— Sekundarstufe II: *Spezialisieren und Herstellen von Berufsbezügen*

Das bedarf der Erläuterung: Zielsetzungen für die einzelnen Stufen gewinnen Sinn jeweils nur im Zusammenhang des Ganzen: Ziele der Sekundarstufe I beispielsweise sind nur recht zu interpretieren im Blick auf die Zwischenstellung zwischen Zielen der Primarstufe und der Sekundarstufe II.

Im einzelnen: Hauptaufgabe der Primarstufe ist einerseits der Versuch, ungleiche Lernvoraussetzungen *auszugleichen* und sozialisationsbedingte Differenzen abzubauen[46], andererseits aber — in dialektisch modifizierender Spannung, nicht im Widerspruch dazu — die individuelle Leistungsfähigkeit so weit, wie nur irgend möglich, zu *fördern.*

Das impliziert im einzelnen u. a.

— Erhaltung und Verbesserung vorhandener, Weckung nicht hinreichend vorhandener Lernbereitschaft,

— Förderung aller Schüler unter Berücksichtigung ihrer individuellen Voraussetzungen in ihrer Persönlichkeitsentwicklung in den sozialen Verhaltensweisen sowie in ihren musischen gestalterischen Fähigkeiten,

— Initiation von Lernprozessen: „Lernen des Lernens", Hinführen zu systematischeren Formen des Lernens.

Speziellere Lernziele wären etwa der Versuch,

— emotionale und anregende Geborgenheit durch entsprechende Lernumwelt, soweit irgend möglich, zu gewährleisten,

— Freude am Lernen entweder zu erhalten oder allererst zu entwickeln und weiter zu fördern,

— Die Einsteuerung der rechten Korrelation zwischen kognitiven, emotionalen und pragmatisch-motorischen Aspekten zu finden.

Die gesamte Lernbemühung in der Primarstufe hat sich zu orientieren zwischen den Grundkriterien „Wissenschaftsorientiertheit" und „Kindgemäßheit".

Wissenschaftsorientiertheit bedeutet hier wie auf allen Stufen die grundsätzliche Gültigkeit des Falsifikationskriteriums, daß nichts gelehrt werden darf, was in Widerspruch steht zu von weitgehendem Konsensus getragenen Ergebnissen der Wissenschaft.

Wissenschaftsorientiertheit bedeutet hier darüber hinaus stufenspezifisch: Reduktion auf das Niveau kindlichen Fassungsvermögens und bezeichnet damit einen Prozeß sachgerechter Transformierung komplexer Sachverhalte in Richtung auf Elementares und Exemplarisch-Kindgemäßes.

Diese Reduktion findet ihre Grenze an übertriebener Verkindlichung.

---

[46] Vgl. H. SKOWRONEK (Hrsg.): Umwelt und Begabung, Stuttgart [2]1976; auch: Ch. JENCKS: Chancengleichheit, Hamburg 1973.

Die Notwendigkeit der Erlernung der sogenannten „Kulturtechniken“ ist unumstritten: sie öffnen sich zu den Lernbereichen „Sprache“ und „Mathematik“.

Dazu kommen Ansätze in den Bereichen des „Sachunterrichts“, der Kunst, des Sports und der Religion. Grundsätzlich aber wird dabei in der Grundschule nicht zwischen „Haupt-“ und „Nebenfächern“ unterschieden.

Voraussetzung für all das ist, daß die Grundschule/Primarstufe sich allererst als selbständige Stufe mit eigener Aufgabenstellung und Gesetzlichkeit begreift; sie muß weg vom Schatten der alten Volksschule, in der sie mit einer Volksschuloberstufe verbunden war, in der der Rest der Schüler verblieb, der „für weiterführende Schulen ungeeignet“ war.

Die Grundschule ist die allgemeine, für alle Kinder gleiche und gemeinsame Grundstufe. Sie ist als einzige bislang voll integrierte Stufe des Schulwesens Basis und Ausgangspunkt alles weiterführenden Lernens. Dieser Tatsache trägt die Trennung der Lehrerausbildung für Primarstufe und Sekundarstufe I / Hauptschule in sinnvoller Weise Rechnung. In dieser Beziehung stimmt die Konzeption stufenbezogener Lehrerausbildung.

In der Sekundarstufe I wird die optimale *Förderung* unterschiedlicher Lern- und Leistungsmöglichkeiten in den Vordergrund der didaktischen Bemühung treten. Darüber hinaus werden allmählich Interessen- und Leistungsschwerpunkte herausgebildet werden müssen, die bildungsprofil- und berufswahlbeeinflussende Bedeutung haben und somit die Hinführung zu Laufbahnentscheidungen und damit die *Verteilung* auf weitere Lern- und Ausbildungswege strukturieren.

Das impliziert im einzelnen u. a.:

— Durchhalten und Stabilisieren von Lernbereitschaft im Sinne von Lern- und Leistungsmotivation; darüber hinaus im Sinne allmählich zunehmender Selbstdefinition / Emanzipation:

— Zunehmende Beteiligung der Schüler an Planungs- und Verfahrensentscheidungen,

— Allmähliches Ertragenlernen und Verarbeitenkönnen von Leistungsunterschieden,

— Abbau übertrieben — einseitiger Überwertung theoriebezogen — kognitiver Zielsetzungen. Realistischere Einschätzung der Möglichkeiten des Statuserwerbs, Reduktion von übertriebenem und sachlich ungerechtfertigtem „Gleichberechtigungsdenken".
— Für alle Schüler in der Sekundarstufe I ist wegen der angedeuteten auseinanderstrebenden Differenzierungen als Basis innerer Integration im Sinne der „gemeinsamen Grundbildung" des Strukturplans[47] und darüber hinaus ein Konzept „fundamentaler Allgemeinbildung"[48] formal-taxonomisch und material-inhaltlich zu entwickeln, da die Herstellung einer Integrationsbasis von den Fächern her — etwa im Sinne eines Fundamentums — wahrscheinlich weitgehend unmöglich ist.
— Darüber hinaus sind in der Sekundarstufe I Information und Beratung über mögliche Bildungsgänge, ihre Anforderungen und Konsequenzen notwendig.

Kriterien für Themenbegründung und Auswahl von Unterrichtsgegenständen in der Sekundarstufe I wären:
— Wissenschaftsorientiertheit in stärker fachspezifischer Orientierung,
— Lern- und Leistungskapazität der Schüler,
— zunehmend in der Sekundarstufe I:
Lerngeschichte der Schüler,
— Bedingungen der Lebenswelt, etwa mit dem Versuch, ihnen im Sinne Robinsohns „Curriculumelemente" als „Qualifikationen" zur „Bewältigung von Lebenssituationen" zuzuordnen,
— dies alles vor-vermittelt durch die traditionellen Schulfächer und den im Gang befindlichen Versuch, diese durch sogenannte „mittelfristige" Curriculumrevision an die Lebensrealität anzupassen.

Der Aspekt *Wissenschaftsorientiertheit* im Sinne des Falsifikationskriteriums, daß nichts gelehrt werden darf, was in Widerspruch steht zu von weitgehendem Konsensus getragenen Ergebnis-

---

[47] Strukturplan, S. 148. Neuerlich diskutiert von J. Derbolav, W. Flitner u. a. in: Zs. f. Päd. 23 (1977) 6, S. 935—962.
[48] L. HARDÖRFER 1978.

sen der Wissenschaft, ist dabei für mehr berufsorientierte wie mehr studienorientierte Ansätze in gleicher Weise gültig; sie entwickelt sich im *studienbezogenen Bereich* der Sekundarstufe II zu *Wissenschaftspropädeutik*. Diese Entwicklung kann bis in die Anlage von Lernsequenzen in der Sekundarstufe I antizipierend vorauswirken. Im Bereich *stufenbezogener Fachdidaktik* wäre zu eruieren, wie weit in einzelnen Fächern, jedoch auf einzelne Klassenstufen bezogen, ein thematisches und taxonomisches Fundamentum und darüber hinaus evtl. schulform- bzw. kursdifferente Addita fixiert werden können.

Dabei ist zu erwarten und einzukalkulieren, daß unterschiedliche Lerngeschwindigkeiten und Verarbeitungskapazitäten in verschiedenen Fächern und Lernbereichen zu derartigen Interferenzen führen, daß ein klassenstufen- bzw. kursbezogen durchgängiges Fundamentum nicht mehr ausgewiesen werden kann.

Dies festzustellen, aufzuweisen und Lösungsmodelle vorzuschlagen ist zentrale Aufgabe stufenbezogener Fachdidaktiken.

Eine wesentliche Voraussetzung für die Realisierung all dieser stufenbezogenen Zielsetzungen wäre allerdings, die bei Schülern, Lehrern und Eltern bisher immer noch vorwiegende Bewertung schulischer Lernprozesse am einseitigen Maßstab theoriebezogener Wertigkeiten, wie sie vor allem das Gymnasium mit seinem Modell studienbezogenen Lernens bietet, abzubauen. Gelänge es, einen Prozeß in dieser Richtung in Gang zu bringen, so müßte deutlich von allen Beteiligten begriffen, und auch schulisch realisiert werden, daß es neben diesen theoriebezogenen ein Lernangebot mit eigenem Anspruch, eigener Gesetzlichkeit und mit eigener Qualität von Lernprozessen für Jugendliche mit einer qualitativ anderen, nicht aber geringerwertigen Begabungsstruktur geben muß[49].

---

[49] Was der Strukturplan über Schulstufen sagt, gilt mutatis mutandis genau so gut für die Schulformen, a. a. O., S. 234:
„*... darf es keinen Unterschied im Grad der Wissenschaftlichkeit etwa nach verschiedenen Schulstufen geben, da z. B. Studien über Leselernprozesse oder Interdependenz der Denk- und Sprachentwicklung wissenschaftlich von keiner geringeren Dignität sind als Studien zur Infinitesimalrechnung oder Quantenphysik.*“

Die falschverstandene starke Betonung der Wissenschaftsorientiertheit des Lernens, mit der sich z. T. Statusinteressen der Lehrerschaft verbinden, stand dem bisher eher entgegen[50].

Die Forderung nach einer gemeinsamen Grundbildung für alle hingegen ist zwar selbstverständlich, greift aber, so wie sie der Strukturplan formuliert, in bezug auf die Realität eher zu kurz. Reduzierte sie sich doch in der Praxis fast stets auf Festschreibung von Mindestanforderungen im Kanon herkömmlicher Schulfächer, postulierte darüber hinaus allenfalls eine Fremdsprache — in der Regel Englisch — für alle. Das aber bleibt zu wenig.

Schließlich werden die Schüler mit dem 18. Lebensjahr volljährig und mündig, d. h. sie treten in Verantwortung und Rechte des Staatsbürgers ein, ohne daß in jedem Fall ihre schulische Ausbildung damit zum Ende gekommen ist. Das bedeutet aber, daß sie nicht nur auf die Berufswahlentscheidung, sondern auch zur verantwortlichen Wahrnehmung ihrer staatsbürgerlichen Rechte und Pflichten durch Schule angemessen vorbereitet sein müssen. Das aber ist bis heute bestenfalls in Ansätzen der Fall. Die Lösung dieses Problems hätte, vor allem im Bereich der Sekundarstufe I, ein curriculares, integratives Konzept einer *fundamentalen Allgemeinbildung* zur Voraussetzung, das bis jetzt bestenfalls theoretisch formulierbar, aber noch nirgends hinreichend realisiert ist. Diese fundamentale Allgemeinbildung hätte die Aufgaben „Entwicklung — Entfaltung des Denkenkönnens" und „Orientierung im Gesamtfelde individueller und gesellschaftlicher Existenz" zu lösen[51], um damit auch Entfaltung der Interaktions- und Kommunikationsfähigkeit, Lernen von verantwortungsvollem Umgang mit individueller Freiheit und übertragener Macht, Hinführung zu Entscheidungsfähigkeit zu begründen.

Erst die Lösung dieser zentralsten curricularen Aufgabe stufenbezogener Didaktik schüfe eine Basis, von der aus Sinn und Zweck anderer, insbesondere organisatorisch-institutioneller Maßnahmen besser beurteilt werden könnten.

---

[50] Vgl. Anm. 49; man sollte deutlich zwischen „wissenschaftlicher Dignität" eines Gegenstandes an sich und seiner Legitimation im Unterricht für eine bestimmte Adressaten- bzw. Schülergruppe unterscheiden.

[51] L. HARDÖRFER 1978.

In der Sekundarstufe II ist Lernen dann überwiegend — das gilt auch für die reformierte gymnasiale Oberstufe — sinnvolle und fruchtbare *Spezialisierung*, vor allem im Sinne der *Berufsvorbereitung, Berufsabschlüsse und der Berufstätigkeit*, wie denn letztlich das weitere Lernziel „Studium“ als Durchgang in Richtung auf eine spätere Berufstätigkeit anzusehen ist. Die Bedeutung dieser Ziele für Selbstdefinition/Emanzipation ist eindeutig und evident gerade insofern, als schulische Ausbildung dadurch den unterschiedlichen Interessen und Leistungsmöglichkeiten der Schüler Rechnung trägt. Diese optimal und individuell in Lernprozessen zu fördern ist Hauptaufgabe der Sekundarstufe II.

Notwendig müßte in diesem Bereich der Erkenntnis wieder Bahn gebrochen werden, daß unsere Schule kein „Selbstbedienungsladen“ für Statuserwerb einzelner auf Kosten aller, sondern eine Einrichtung der Gemeinschaft zur Förderung aller im Interesse der Gesamtheit ist. — Platon hat einmal von der zweiten Umkehr in der Bildung, der in die soziale Richtung, gesprochen![52] Je höher die Ausbildung, desto größer die soziale Verpflichtung. Nur von daher rechtfertigt sich dann letztlich und möglicherweise ein höheres Einkommen.

Über all das hinaus wäre es sehr wünschenswert, wenn auch im Sekundarbereich II die „fundamentale Allgemeinbildung“ weiter ausgebaut und — wenn auch auf unterschiedlichem Niveau — weiter ausdifferenziert werden könnte.

Hier hätte auch immer noch und immer wieder Philosophie ihre Chance.

Als Kriterien für Auswahl und Begründung von Inhalten und Themen im Sekundarbereich II müssen gelten:

— Wissenschaftsorientiertheit/Wissenschaftspropädeutik,

— Berufsbezogenheit,

Theorie-orientierte Bildungsgänge sollten nicht ausschließlich wissenschaftspropädeutisch angelegt sein, sondern auch praxis-orientierte Elemente berücksichtigen; praxis-orientierte Bildungsgänge müssen auf eine wissenschaftlich abgesicherte Basis gestützt sein und sollten theoretische Grundorientierung einbe-

[52] PLATON, POLITEIA, 514 a ff.

ziehen und in die Richtung zielen, wissenschaftliches Arbeiten zu lernen,

— Lerngeschichte und Leistungskapazität der Schüler.

Funktional betrachtet, ergibt sich für die Zielsetzungen der drei Stufen folgendes strukturelle Muster:

— Primarstufe: Einheit — Integration,
— Sekundarstufe I: Verteilung — Differenzierung,
— Sekundarstufe II: Diversifizierung — Spezialisierung.

Hinter all dem steht wieder eine allgemeinere, stufenübergreifende Zielsetzung, nämlich die, die allgemeine Einstellung zu Schule so umzustrukturieren, daß Erwartungen des einzelnen an Selbstdefinition und Selbstentfaltung und Anforderungen der Allgemeinheit wieder im rechten Zusammenhang gesehen werden und daß Schule die Doppelfunktion sachgerecht wahrnehmen kann, dem einzelnen zu geben, was des einzelnen ist, und der Gesamtheit zu sichern, worauf sie Anspruch hat.

Unmittelbare Wirkung können stufenbezogen artikulierte Zielsetzungen allenfalls über den Unterrichtsstil und die Einstellungen von Lehrern ausüben[53]; im übrigen stellt sich die Frage nach der Korrelation von Mitteln zu ihrer Realisierung.

---

[53] Schon Jencks (1973) hat auf die illusionäre Überschätzung der Möglichkeiten des Bildungssystems hingewiesen.

Mittel-Korrelationen

Besteht im Zielsetzungsbereich zumindest auf einer hohen, abstrakt-allgemeinen Ebene weitgehender Konsens, so ist in der Frage der Realisierung durch adäquate Mittel der Dissens offenkundig. Das liegt unter anderem an dem hypothetisch-unsicheren Zusammenhang von Zielen und Mitteln wie an Ungeduld bzw. skeptischem Zögern derjenigen, die über die einzusetzenden Mittel entscheiden.

Im wesentlichen sind es vier Gruppen von Mitteln, mit denen die Ziele zu realisieren versucht werden:

thematisch-materiale,	z. B. Schulfächer, Inhalte von Lehrplänen, Curricula usw.,
organisatorische,	z. B. Schulformen, Unterrichtsorganisation (Klassen, Kurse) usw.; hierher gehört als Randproblem (!) letztlich auch die Organisation von Lehreraus- und -fortbildung,
im engeren Sinne methodische,	z. B. Differenzierungsformen, Unterrichtsformen usw.,
mediale im exakten Sinne,	z. B. Schulbücher, audiovisuelle Unterrichtshilfen usw.

Nach dem Axiom der nur hypothetischen Korrelation von Zielen und Mitteln stehen alle Mittel im Verhältnis zur Realisierung der per Konsens sanktionierten Ziele zur Disposition. Das gilt für den Fächer- bzw. Themenkatalog ebenso wie für Schulformen, Lehrerbildung und letztlich auch für methodische und mediale Fragen im engeren Sinne.

Fatal ist nur, daß hier vitale Interessen der Beteiligten betroffen sind, z. B. der Eltern und Schüler, was Ausbildung und Möglichkeiten des Statuserwerbs betrifft, der Lehrer, was ihren Status und ihre Besoldung angeht.

Da andererseits sichere Prognosen über die Wirksamkeit eingesetzter Mittel nicht möglich sind, kann eine verantwortungsbewußte Reform nur eine der behutsamen Schritte sein, die sorgfältig und skeptisch die Wirkungen versuchter Veränderungen überprüft.
Insgesamt wurde deutlich, daß Zielsetzungen durch Einzelentscheidungen im Mittelbereich nicht ohne weiteres realisiert werden können und daß Institutions- und Organisationsfragen trotz ihrer nur sehr bedingten Relevanz in der bisherigen Debatte viel zu große Bedeutung zugemessen wurde.
Möglicherweise kommt Fragen der Einstellung und des Verhaltens der im schulischen System Kommunizierenden, Planenden und für schulische Lernprozesse Verantwortlichen viel entscheidendere Bedeutung zu.
Das aber sind dann nicht mehr Mittel-Entscheidungen oder gar Methodenfragen im engeren Sinne; es sind auch nicht Dinge, die die Lehrer allein angehen, sondern Veränderungen, die gesamtgesellschaftliche Entwicklungen, insbesondere Einstellungsänderungen und Umstrukturierungen des Erwartungshorizontes, bei allen Beteiligten voraussetzen.
Unter den erörterten Voraussetzungen scheint es allenfalls sinnvoll, die bisher vorgeschlagenen, aber in ihrer Wirkung keineswegs hinreichend überprüften Mittel zur Realisierung der Stufenzielsetzungen hier noch einmal zusammenzustellen. Ein notwendiger Zusammenhang zwischen Zielen und Mitteln besteht nirgends, allenfalls die hypothetische Hoffnung, daß die Mittel zur Erreichung der Ziele irgendwie geeignet sein könnten[54]. Prinzipiell ist zuzugeben, daß man nahezu alles auch anders versuchen könnte. Nicht einmal allzu viel gesichertes Wissen über mutmaßlich besser und mutmaßlich weniger geeignete Mittel ist in hinreichendem Maße vorhanden[55].
Im Hinblick auf die gesetzlichen Vorgaben, die bisherigen Überprüfungen und aus pragmatischen Erwägungen versuche ich, zwischen Mitteln zur allmählichen Verwirklichung eines stärkeren Stufenbezugs *in der Schule* und solchen zur Realisierung stufenbezogener *Lehrerausbildung* zu unterscheiden.

---

[54] W. BREZINKA 1976, bes. S. 106 ff.; auch K. J. KLAUER 1973.
[55] Vgl. K. J. KLAUER, a. a. O., bes. S. 83 ff.

In der Diskussion erörterte Mittel zur stärkeren Orientierung von Schule auf Stufenbezüge

a) Primarstufe

Die für diese Stufe erörterte Zielsetzung des *Ausgleichens* sozialisationsbedingter Defizite und des *Förderns* bis an die Grenze individueller Lern- und Leistungsmöglichkeiten fordert in ihrer notwendig disparaten Gegenläufigkeit ein differenziertes Instrumentarium von Mitteln zu ihrer Realisierung.

Es kann allgemein zunächst als Tendenz auf *Individualisierung der Lernvorgänge* beschrieben werden. Diese wiederum setzt wahrscheinlich eine erhebliche Reduzierung der Klassenstärken und eine wesentlich flexiblere Lernorganisation im Verhältnis zum bisher Üblichen voraus, um dem Lehrer individuelles Eingehen auf Leistungsmöglichkeiten und -defizite seiner Schüler zu erlauben. Der für die kommende Zeit zu erwartende Rückgang der Schülerzahlen läßt wenigstens im Hinblick auf die Möglichkeit der Reduzierung der Klassenstärken Hoffnung zu. Von der günstigsten Größe einer Lerngruppe im Verhältnis zur Erreichung der beschriebenen Intentionen haben wir bislang keine Ahnung.

Da andererseits weitgehend Einigkeit darüber besteht, daß Wettbewerbs- und Konkurrenzsituationen im Schulbereich insgesamt tunlichst vermindert, im Primarbereich aber, soweit überhaupt irgend möglich, ausgeschlossen werden sollten, wird ein *differenziertes System des Lernens* für den Primarbereich entwickelt und erprobt werden müssen[56].

Diese Intention modifiziert sich unter dem Einfluß des dazu in Konkurrenz stehenden Prinzips der sozialen Koedukation und des sozialen Lernens; dies wiederum muß wohl verstanden werden als Erlebenlernen, Annehmen und Verarbeiten von Unterschieden der Interessen, Verhaltensweisen der Lern- und Leistungsmöglichkei-

---

[56] Dazu vor allem: W. KLAFKI: Zum Problem der inneren Differenzierung, in: Probleme stufenbezogener Didaktik — Grundfragen (I). Tagungsberichte des Landesinstituts für schulpädagogische Bildung Nordrhein-Westfalen, Heft 64, Düsseldorf [5]1979.

ten, um von der Realitätserfahrung, daß sich lernen prozessual in sozialen Interaktionen vollzieht, frei zu werden für die Zielperspektive, miteinander umgehen zu lernen und eine Rolle in der Gesellschaft übernehmen zu können. Sekundär geht das auch allmählich in den Versuch über, sozialisationsbedingte Faktoren, die diesen Zielen entgegenstehen, so weit als irgend möglich, abzubauen.

Die Intention „soziales Lernen" läßt weitergehende äußere Differenzierung der Lernvorgänge in getrennten, wohl gar nach Leistungsvermögen zusammengestellten Gruppen, im Prinzip nicht zu. Wie weit unter diesen Prämissen *innere Differenzierung* möglich ist und wie sie im einzelnen aussehen kann, ohne dabei in die Nachteile und Probleme für „überwunden" gehaltener einklassiger Dorfschulen von ehedem zurückzufallen, ist eine offene Frage und eine echte Forschungsaufgabe. Sicher müßte hier ein Schwerpunkt primarstufenbezogener Lehrerausbildung gesehen werden.

Daß alle Lernvorgänge auf dieser Stufe i. w. dem Prinzip der Anschaulichkeit verpflichtet sein sollten, ist eine mindestens seit Pestalozzi einigermaßen gesicherte Hypothese. Doch wird, aufsteigend durch die Primarstufe hindurch, allmähliches Vertrautwerden mit ersten Schritten der Abstraktion, mit Möglichkeiten sprachlichen Ausdrucks und mit logischer Disziplin auf allen sich bietenden Ebenen und an allen behandelten Gegenständen versucht werden müssen.

Das Lernen darf und kann sich auf dieser Stufe nicht nur auf Fachwissen und einseitige intellektuelle Orientierung beschränken. Es muß den ganzen Menschen zu umfassen suchen. Daher sollten auch alle Möglichkeiten zu Spiel, Freude, Feier genutzt und das Feld des Musischen weit erschlossen werden. Anknüpfen sollte das Lernen an aktuelle Bedürfnisse, und es sollte Verarbeitung von Umwelterfahrungen besonders berücksichtigen. Entdeckendes Lernen, Lernen des Lernens haben hier ihre spezifische Bedeutung.

Die Organisation der Primarstufe als eigenständige Schulform erleichtert die Arbeit und ermöglicht ein Selbstverständnis, das die Zuordnung zu den weiterführenden Systemen nicht einseitig vom Aspekt des „Zubringens" her bestimmt sein läßt.

b) Sekundarstufe I

Legt man als allgemeinste Zielsetzung der Sekundarstufe I einerseits den allmählichen Rückgang der Tendenz auf Ausgleich und die stete Zunahme der Tendenz auf *Förderung* zugrunde und andererseits die möglichst sachgerechte *Verteilung* der Schüler auf weitere Lern- und Ausbildungswege, so setzt das im Mittelbereich zunächst erhebliche Verbesserung und Ausbau der Diagnose-Möglichkeiten voraus. Lern- und Leistungsmöglichkeiten sowie Interessen der Schüler müssen möglichst sicher festgestellt werden können. Dazu könnte im einzelnen hilfreich sein:

— der allmähliche Übergang zu objektivierten Formen des Leistungsvergleichs mit möglichst verbesserten Methoden der Leistungsfeststellung;
— der allmähliche Übergang zu äußerer Differenzierung nach Leistungsfähigkeit, Interessen und Lernvorgaben — Lerngeschichte;
— der allmähliche Übergang zu einem differenzierten System von Pflicht- und Wahlangeboten.

Dabei stehen die methodisch-organisatorischen *Prinzipien der Integration* und *Differenzierung* gleichwertig in einem einerseits konkurrierenden, andererseits sich wechselseitig ergänzenden Verhältnis.

Vorläufig ist —wie schon bemerkt — noch nicht zu sehen, mit welcher *institutionellen* Lösung in bezug auf die Schulform sie am besten gegeneinander und aneinander ausgeglichen werden können. Behält man das dreigliedrige System bei und möchte gleichzeitig den Verteilungsdruck von der Primarstufe fernhalten, so müßte hier eine wie auch immer benannte und organisierte Verteilungs-Stufe vorgeschaltet werden, die auch das „Umschalten“ auf andere prinzipielle Schwerpunkte für die betroffenen Schüler einsichtig und verständlich macht.

Darüber hinaus muß die gesamte Sekundarstufe I diesem Orientierungs-, Verteilungs- und Zuweisungsproblem gerecht werden.

Die Bewältigung dieses zentralen Problems würde im dreigliedrigen System ein neues Verständnis der Hauptschule zur Folge haben.

Eine der schwierigsten Fragen in bezug auf Mittel-Korrelationen im Sekundarbereich I ist die nach der Vermittlung so disparater Intentionen wie Durchhalten und Verbessern sozialen Lernens und des differenzierenden Herausarbeitens von Lernmöglichkeiten und Interessenschwerpunkten.

Mit Sicherheit muß es einerseits die Möglichkeit geben, Lernen nach thematischen und leistungsdifferenzierenden Schwerpunkten in getrennten Gruppen zu organisieren. Andererseits ist mit ebensolcher Sicherheit unerwünscht, daß sich Gruppen „Privilegierter" von solchen „Benachteiligter" isolieren.

Zwar ist es möglich, die Schulformgliederung als eine Variante von sogenannter „Streaming"-Differenzierung zu interpretieren, aber an der voll ernstgenommenen Intention sozialer Koedukation geht dieses Organisationsprinzip mit Sicherheit vorbei. Hält man an Differenzierungsformen dieser Art fest, müßte man nach Lösungen für die Problematik sozialen Lernens suchen, die erheblich über das hinausgehen, was das gegliederte Schulwesen bereits in dieser Richtung ermöglicht. Vielleicht wäre an Übernahme von Patenschaften für Schulen, längerdauernde Schülerpraktiken in allen Schulformen der Sekundarstufe I, Einsätze von Schulklassen in der Produktion, im Handel, in der Landwirtschaft, organisierte Hilfe bei Hausaufgaben, gemeinsame Schullandheimaufenthalte, gemeinsamen Sportunterricht u. a. m. zu denken. Zwar wirkten solche Bemühungen sicher etwas künstlich, aber alles in allem ergäbe sich hier ein Aufgabenfeld, an das bislang noch kaum gedacht worden ist, geschweige denn, daß schon allzuviel Vorschläge in dieser Richtung gemacht oder gar erprobt worden wären.

Von erheblich größerer Bedeutung wäre der im vorigen schon angesprochene Integrationsaspekt, der sich aus Konzeption, Erprobung und möglicherweise Einführung eines *Curriculums fundamentaler Allgemeinbildung* über den Minimalaspekt der sogenannten „gemeinsamen Grundbildung" hinaus ergäbe. Dieser curriculare Ansatz wäre wahrscheinlich das einzige denkbare Mittel, mit dem die Problematik sozialer Koedukation zu der disparaten Intention differenzierenden Lernens im Sinne von Leistungsfähigkeit und selbstdefinierter Interessen vermittelt werden könnte[57].

[57] L. HARDÖRFER 1978.

Doch von dieser Möglichkeit ist das allgemeine Bewußtsein im Augenblick noch sehr weit entfernt.

Eine Lösung dieser Art hätte den unbestreitbaren Vorzug, daß sie einerseits „künstlich“ wirkende Bemühungen, wie die im vorigen angedeuteten, vermiede und andererseits organisatorische Vereinheitlichung im Sinne der integrierten Gesamtschule weder forderte noch verhinderte. Ein solches „Allgemeinbildungscurriculum“ wäre in das gegliederte System genau so gut einzuführen wie in die Gesamtschule.

Darüber hinaus ist mit Sicherheit die Frage zu stellen, wie sich denn im Horizont der Sekundarstufe I die allgemeinste Zielsetzung schulischen Lernens differenziert und modifiziert, die gewöhnlich mit so weiten und unbestimmten Begriffen wie Emanzipation/Mündigkeit oder dergleichen irgendwie abzudecken versucht wird, um nach Mitteln zu ihrer Realisierung Ausschau halten zu können.

Was also heißt Orientierung des Lernens am Grundaspekt Emanzipation in der Sekundarstufe I, wenn das Richtziel dieser Stufe in der Spannung der Aspekte „Fördern“ — „Verteilen“ ausgedrückt ist? Und welches sind — hypothetisch betrachtet — möglicherweise geeignete Mittel, um diese Vorstellungen bei Schülern und Lehrern zu verwirklichen?

Emanzipation, Intention auf mehr Mündigkeit, bedeutet hier nicht einfach, Schule als „Herrschaftsinstrument“ — wessen gegenüber wem? — zu verstehen und Zwänge und Belastungen, z. B. „Leistungsdruck“, „Schulangst“ u. dgl. abzubauen, so sinnvoll und wichtig auch das ist, — Emanzipation bedeutet auf dieser Stufe vor allem einsehen- und respektierenlernen, daß Menschen unterschiedlich sind, was ihre Interessen, ihre Gefühlslage und ihre Leistungsfähigkeit betrifft; es bedeutet darüber hinaus: allmählich die Schwerpunkte der eigenen Interessen und Leistungsmöglichkeiten zu erkennen, sich selbst zunehmend in bezug auf Wirkung auf andere und Möglichkeiten der Selbstfindung richtig einzuschätzen. Oder anders: Es geht für den Schüler darum, zu sich selbst zu finden, indem er lernt, Selbstbild und Fremdbild deutlicher aufeinander zu beziehen, möglicherweise gar am Abbau allzu störender Interferenzen bei sich selbst und anderen zu arbeiten.

In diesem Prozeß ändert sich unter Umständen die Rollenauffassung bei Schüler und Lehrer; dieser wird sich möglicherweise weniger als Engel mit dem Flammenschwert der Statuszuweisung — Zensuren, Versetzung, Verteilen von Berechtigungen usw. — und mehr als Helfer und Berater sehen; jener wird sich weniger als Unterdrückter, falsch oder Unverstandener und mehr als Ernstgenommener und Beratener empfinden.

Nur auf der Basis des Versuchs, Selbsteinschätzung durch den Schüler und Fremdeinschätzung durch den Lehrer intensiver aufeinander zu beziehen, wird Verteilung auf weitere Lernwege und individuelle Förderung in sinnvoller Weise möglich; die dabei notwendigen Beratungs- und Kommunikationsprozesse, die wohl erst allmählich gelernt werden müssen und können, bedeuten für alle Beteiligten, Schüler wie Lehrer, Zunahme an Einsicht in Zusammenhänge zwischen subjektivem Selbstfühlen und Wünschen einerseits und Zwängen gesellschaftlicher Art andererseits, und damit Zunahme an Mündigkeit.

Mittel, um Prozesse dieser Art in Gang zu setzen und in Gang zu halten, können im Bereich der Lehreraus- und -fortbildung etwa auf den Ebenen Verbesserung und Differenzierung von Methoden zur Feststellung des Lernerfolgs u. a. m. gesucht werden. Einsicht bei Schülern kann dadurch geweckt werden, daß der Lehrer ausführlich über seine Intentionen wie über die von ihm benutzten Methoden, ihre Wirkungen sowie über die Lernergebnisse seiner Schüler mit ihnen spricht.

c) Sekundarstufe II

Im Sekundarbereich II stellt sich die Frage nach den zur Realisierung der Ziele einzusetzenden Mitteln mit einiger Schärfe. Wenn wirklich Spezialisierung im Sinne von Berufsvorbereitung das Richtziel ist, dann erscheint es wenig sinnvoll, vorrangig nach Möglichkeiten der Integration zu suchen — ein zumindest die Texte der Bildungskommission des Bildungsrates durchgängig grundierendes Motiv.

Hingegen setzt die notwendige Spezialisierung der Lernprozesse weitgehende äußere Differenzierung voraus: „Die Sekundarstufe II ist in sich wesentlich stärker differenziert als die zuvor behandelten Teile des Bildungswesens", wie es der Strukturplan formuliert.

Um der Klarheit willen sollte man hinzusetzen, daß Differenzierung auf dieser Stufe in der Regel äußere Differenzierung bedeutet, und zwar nicht nur Differenzierung nach Lerngruppen in einem einheitlichen, erst noch durch teuere und weitgehende Reformen zu schaffenden neuen „integrierten" System, sondern sinnvollerweise Verteilung in ein differenziertes System von Schulen mit auf Berufsfelder und Studienschwerpunkte bezogenen Curricula und Abschlüssen.

Als Ausgangsbasis dieses Schulsystems in der Sekundarstufe II können die gymnasiale Oberstufe einerseits und das System der berufsbildenden Schulen andererseits verstanden werden.

Die *gymnasiale Oberstufe* — viele würden lieber von der Oberstufe des Gymnasiums reden und damit die Unteilbarkeit des Systems Gymnasium betonen — ist in der Entwicklung der letzten zehn Jahre entschiedener eigene Wege gegangen, als das nach dem Vorlauf des Strukturplanes zu erwarten gewesen wäre.

Die ständige Konferenz der Kultusminister der Bundesrepublik Deutschland hat am 7. Juli 1972 eine „Vereinbarung zur Neugestaltung der gymnasialen Oberstufe in der Sekundarstufe II" geschlossen, in der in Punkt 2.2 des einführenden Berichts „an der allgemeinen Hochschulreife, der Studienberechtigung für alle Fachgebiete, festgehalten" wird — zwei Jahre nach dem Strukturplan mit seiner Absage an die allgemeine Hochschulreife.

Das wirft Fragen auf: Waren die Probleme der Stoffüberfüllung, einer „explodierenden" Wissenschaft, der „Unmöglichkeit", einen allgemeinverbindlichen Fächerkanon zu legitimieren, der ja auch noch von Individuen in begrenzter Lernzeit zu bewältigen sein mußte, plötzlich beseitigt?

Man behalf sich mit dem Postulat, „im Zentrum der Reform" müsse „die curriculare Reform stehen" sie solle „durch die organisatorische Reform, die Inhalt dieser Vereinbarung" sei, „ermöglicht und eingeleitet werden".

Die „Lösung" bestand also in einer neuen Organisationsform, in einem System von Pflicht- und Wahlbereich, das die Möglichkeit der individuellen Schwerpunktsetzung erweitern, aber andererseits durch die Konstruktion von verpflichtend auszufüllenden „Aufgabenfeldern“ in Verbindung mit dem Postulat einer allgemeinen Orientierung auf „Wissenschaftspropädeutik“ den Anspruch auf Niveau — und Überblick? — als Grundlage der allgemeinen Hochschulreife sichern sollte.

Die curriculare Ausfüllung dieses Anspruches ist in den einzelnen Bundesländern unterschiedlich erfolgt. Nordrhein-Westfalen hat in einem alle in der gymnasialen Oberstufe unterrichtenden Lehrer beteiligenden, weit ausgreifenden Verfahren neue Richtlinien, also Curricula, für dreißig Fächer der gymnasialen Oberstufe entwickelt. Hier ist man mit dem Theorem, „Wissenschaftspropädeutik“ sei die formale Grundlage der allgemeinen Hochschulreife, wenn sie nur in den „Inhalts“-Bezug der „Aufgabenfelder“ einbezogen sei, verhältnismäßig weit gegangen. Wie weit das trägt, muß die Zukunft erweisen. Skepsis ist angebracht[58].

Andere Länder, z. B. Bayern und Rheinland-Pfalz, sind näher am traditionellen Kanon der Abiturfächer und den aus ihnen sich herleitenden Lernverpflichtungen geblieben; Baden-Württemberg gar versucht, sich allmählich der — vermutlich? — heileren Welt früherer Regelungen wieder anzunähern.

Mit Sicherheit hat die bisherige Entwicklung mehr „Spezialistentum“ auf Kosten von „Allgemeinbildung“ vor dem Hintergrunde einer gewaltigen und gewollten Expansion gymnasialer Bildung gebracht.

Kritiker sagen, man habe mehr Abitur — d. h. allgemeine Hochschulreife! — billiger verkauft und einen Niveauverlust in Kauf genommen. Andere verweisen auf die fachliche wissenschaftspropädeutische Vertiefung, die vor allem die Leistungskurse ermöglichen.

Sicher wäre, wenn man schon auf dem Wege der freieren Wahl der Lehrgegenstände bei spezialisierender wissenschaftspropädeutischer Vertiefung weitergehen wollte, die Aufgabe der allgemeinen und der Übergang zu einer fachlich enger präformierten Ausgestaltung

---

[58] Vgl. auch J. DERBOLAV: Gymnasial- und Hochschulpolitik auf dem Prüfstand der Bildungspolitik. In: Päd. Rundschau 9 (1981), S. 557 ff.

der Hochschulreife konsequenter gewesen. Das Abitur muß ja nicht als Statussymbol des „allgemein Gebildeten" verstanden werden. Entweder setzt „allgemeine Bildung" heute ein solches Maß persönlichen Einsatzes und persönlicher Bemühung voraus, daß sie ohnehin nicht mehr in der Schule vermittelt oder auch nur grundgelegt werden kann, oder Schule müßte den relativ wenigen dazu Befähigten entsprechende Lernangebote, d. h. Organisationsformen und Curricula, allererst wieder zur Verfügung stellen; vielleicht wäre das in der Form der seinerzeit vom „Deutschen Ausschuß" vorgeschlagenen „Studienschule" möglich, ginge aber mehr in eine gewissermaßen „elitäre" Richtung und widerspräche doch ziemlich den heute herrschenden Normen und Tendenzen auf Expansion und Egalisierung.

Hier ist sicher noch nicht das letzte Wort gesprochen und der rechte ausgewogene Zustand erreicht, wenn ein solcher bei dem emotionalen Druck, der auf diesem Felde herrscht, überhaupt erreichbar ist.

Die *berufsbildenden Schulen* haben andere Probleme. Auf der einen Seite gibt es Tendenzen zur Stärkung und zum Ausbau des dualen Systems, d. h. der Teilung der Ausbildung zwischen Berufsschule und Betrieb. Auf der anderen Seite sind Bestrebungen unverkennbar, der Schule mehr Eigengewicht und Bedeutung zu verleihen. Das wird verstärkt durch die Notwendigkeit, Jugendliche ohne Ausbildungsvertrag wenigstens schulisch voll zu betreuen und zum späteren Übergang in Berufe zu qualifizieren. Darüber lagert sich weiter komplizierend und die Dynamik potenzierend die Problematik der Ausländerkinder.

Bei dieser Lage der Dinge wäre es gut, wenn es gelänge, unter Wahrung der vollen Funktions- und Leistungsfähigkeit der bestehenden Systeme eine behutsame Entwicklung mittel- bis langfristig in Gang zu bringen, die die Annäherung berufs- und studienbezogener Elemente in den Curricula und die Präzisierung und Formalisierung der Abschlüsse weiterbrächte[59], und dies nicht im

---

[59] Vgl. dazu den Strukturplan, z. B. S. 161, und bes. die Empfehlung der Bildungskommission: Zur Neuordnung der Sekundarstufe II — Konzept für eine Verbindung von allgemeinem und beruflichem Lernen — (verabschiedet am 13./14. Februar 1974) Stuttgart (Klett) 1974.

Sinne sachlich ungerechtfertigter Gleichmacherei, sondern in der Absicht, den Lernenden in der Sekundarstufe II Ausbildungswege zu eröffnen, die jeweils zu beruflichen Qualifikationen führen, die den individuellen Fähigkeiten und Neigungen entsprechen. Dabei wäre als Teilaspekt eine Lösung des leidigen Numerus-clausus-Problems impliziert, die sicher einen Schritt weg von der allgemeinen Hochschulreife bedeuten müßte.

Im Gesamtzusammenhang der Sekundarstufe müssen die Bildungsgänge so geordnet werden, daß sie über Verteilung und Spezialisierung in Richtung auf Berufe und Studien für Berufe führen, d. h. inhaltliche Schwerpunktsetzungen und erreichte Leistungsniveaus des Lernens gewinnen zunehmend Bedeutung als Verteilungskriterien[60]. Das aber schließt aus, daß nach langjährigen Definierungs- und Differenzierungsprozessen in der Sekundarstufe am Ende doch wieder ganz allgemeine und „offene" Qualifikationen stehen. Oder deutlicher: wer Medizin studieren will, muß sich bereits in der Sekundarstufe auf berufsrelevanten — noch im einzelnen zu definierenden — Lernfeldern entsprechend ausgewiesen und Schwerpunkte erfolgreich gesetzt haben. Das aber gilt grundsätzlich für alle Lernwege. Entscheidungen können nicht immer weiter hinausgeschoben werden. Lernzeiten müssen im Verhältnis zur Gesamtlebensdauer sowie im Sinne eines produktiven Beitrags zur Funktion des gesellschaftlichen Gesamtorganismus begrenzt bleiben. Ansprüche des Individuums und der Gesamtheit modifizieren sich hier gegenseitig. Das „Glück" des einzelnen findet seine Grenze am „Glück" der Allgemeinheit.

Man wende nicht ein, das scheitere in der Realität daran, daß so frühe Berufsfeldentscheidungen vom einzelnen deswegen nicht getroffen werden könnten, weil er weder hinreichend sich selbst noch die später folgenden beruflichen Wege und Ansprüche kenne. Manches kann da gelernt werden, und darüber hinaus müssen natürlich grundsätzlich Revision und Korrektur von Fehlentscheidungen in der Wahl der Bildungsgänge möglich sein. Jedoch bedeutet das keineswegs, daß dadurch entstehende zusätzliche Lernzeiten auf Kosten der Allgemeinheit aus Steuermitteln („Bafög") alimen-

---

[60] Strukturplan, S. 163.

tiert werden müssen. Ein einmal eingeschlagener Lernweg sollte für jeden, wenn er in einer großzügig bemessenen Normal- oder „Regel"-Ausbildungszeit durchlaufen wird, bei entsprechender Bedürftigkeit staatlich alimentiert werden können, Zweit-, Dritt- oder Mehrfachausbildungen aber nur in eng zu begrenzenden Ausnahmefällen, wenn ein allgemeines Interesse vorliegt.

Die Erörterung der zur Realisierung stufenbezogener Zielsetzungen möglicherweise einzusetzenden Mittel hat sich im wesentlichen auf organisatorische und methodische Aspekte erstreckt. Das liegt unter anderem daran, daß, was die materialen und inhaltlichen Gesichtspunkte betrifft, die Traditionen unseres alters- und schulformbezogenen Fächer- und Themenkanons aus einer langen historischen Entwicklung heraus eine relative innere Stabilität besitzen, die bislang das Funktionieren von Schule — auch unter allen Bemühungen um Reformen — sichergestellt hat, und daran, daß vieles an diesem Kanon einfach altersgemäß richtig und gesellschaftlich notwendig ist.

An der Notwendigkeit, Lesen und Schreiben zu lernen, Sprachkompetenz zu erwerben, Rechnen zu lernen und zunehmend Einsicht in mathematische Zusammenhänge zu gewinnen, wird niemand zweifeln, ebensowenig daran, daß es sinnvoll ist, diese Grundeinsichten und -kompetenzen nach allen möglichen Seiten in Richtung auf naturwissenschaftliche, gesellschaftliche, ökonomische, sprachliche, historische, künstlerische, ethische, psychologische und politische Felder zu erweitern. Doch gerade hier entsteht der Dissens, da deutlich ist, daß nicht alles, was möglich und im Sinne vorhandener differenzierter Aspekte denkbar wäre, auch machbar und sinnvoll sein kann in bezug auf die Kapazitäten der Lernenden, die aufzuwendenden Mittel und die dazu notwendigen Lernzeiten.

Die Debatte darüber, was allgemein in Schule überhaupt und speziell auf verschiedenen Altersstufen und Lernwegen gelernt werden soll und gelernt werden kann, ist zumindest seit Robinsohn[61] in der Bundesrepublik Deutschland voll im Gange. Sie ist prinzipiell unabschließbar, da in ihr und durch sie gesellschaftlicher

61 S. B. ROBINSOHN 1967.

Wandel und Erkenntnisse der Wissenschaft sich mit Schule vermitteln.

Allmählich sind in dieser Debatte Strukturen dessen sichtbar geworden, was über Sprachkompetenz und mathematische Grundeinsichten hinaus heute Gegenstand eines für alle verbindlichen „allgemeinbildenden" Curriculums sein könnte[62]. Doch ein allgemeiner Konsens darüber ist noch nicht zustandegekommen, ja eigentlich hat die Diskussion darüber noch gar nicht begonnen, vielmehr hat sie sich schon vorzeitig in allgemeiner Reformunlust, Statusgerangel, realen und vermeintlichen, vorgewendeten und taktisch aufgebauschten Interessengegensätzen festgefahren. Auf diese Situation ist schon hingewiesen worden. Doch kann das nicht bedeuten, daß die Diskussion um Reformen im Schulwesen, speziell was die zentrale curriculare Fragestellung nach Zielen und Inhalten betrifft, ans Ende gekommen ist. Sie muß — unter differenzierteren Gesichtspunkten und mit geschärftem Blick für den Wert des aus Tradition und Eingeübtsein Funktionierenden — wieder aufgenommen und fortgeführt werden.

Dabei müßte die Frage nach den Inhalten, Methoden und Niveaus, die für die Verteilung der Lernenden auf unterschiedliche Lernwege und für die Zumessung von Abschlußqualifikationen entscheidende Bedeutung haben, erneut gestellt und klar beantwortet werden.

---

[62] Vgl. den von mir gemachten Vorschlag: HARDÖRFER 1978.

Mögliche Mittel zur Realisierung stufenbezogener Lehrerausbildung

Da in keinem anderen Bundesland der Prozeß der Umstellung der Lehrerausbildung auf Stufenbezüge quantitativ und qualitativ auch nur annähernd gleich weit fortgeschritten ist wie in Nordrhein-Westfalen, gehen wir paradigmatisch von der hier gegebenen Situation aus.
Ausbildung von Stufenlehrern ist in NW seit 1977 nicht mehr als theoretische Möglichkeit im voraus zu konzipieren, sondern bereits eine sich in Praxis allmählich konturierende Realität. Das hat Vorzüge und Nachteile zugleich: Vorzüge insofern, als Praxis je auf die volle Fülle der Realität trifft und somit kaum in Gefahr gerät, wesentliche einwirkende Variable bzw. reale Bedingungen zu übersehen; Nachteile insofern, als sie in räumlich und personell voneinander weitgehend separierten Institutionen — Gesamtseminaren, Ausbildungsgruppen, Fachgruppen — relativ unkoordiniert Realität gewinnt. Dabei können sich Verfahren herausbilden, die — trotz allgemeiner Erlaßregelungen, die ja immer relativ abstrakt bleiben müssen — letztendlich möglicherweise so weit voneinander abweichen, daß die notwendige Gleichheit der Ausbildung nicht immer und überall gewährleistet ist, und das auch dann, wenn die im Ausbildungsbereich Handelnden sich durch Kontakte und Absprachen dagegen abzusichern suchen. Darüber hinaus besteht die Gefahr, daß man auch hier wieder im organisatorisch zu Regelnden, weil „Machbaren", steckenbleibt und damit möglicherweise die einzig überhaupt legitimierbare Intention stufenbezogener Lehrerausbildung verfehlt: die unter ausgewiesenen Zielsetzungen sich kontrolliert allmählich vollziehende Wandlung der Einstellung von Lehrern, Schülern und sekundär auch Eltern und Gesamtgesellschaft zur Schule und damit einhergehend schließlich auch die Chance einer Neudefinition der Aufgabe von Schule in der und für die Gesellschaft.

Das bedeutet für das konkrete Verfahren bei der Ausbildung, daß bei Ausbildern sowohl wie bei Auszubildenden alles getan werden muß, um die Bewußtseinsbildung in bezug auf stufenbezogene Zielsetzungen zu fördern und die Diskussion über zur Realisierung einzusetzende Mittel in Gang zu halten. Das geschieht auf seiten der Seminar- bzw. Ausbildungsgruppen- und Fachleiter durch Dienstbesprechungen, Konferenzen und Fortbildungsveranstaltungen, auf seiten der Auszubildenden in den Hauptseminaren. Darüber hinaus muß auf Landesebene Koordination und Abstimmung gewährleistet werden. Letztlich ist das Sache der obersten Schulaufsicht, des Kultusministers; er wird organisatorisch, z. B. durch Veranstaltungen, und mit Vorschlägen in der Sache, z. B. durch Veröffentlichungen, seitens der zentralen Lehrerfortbildung unterstützt. So müßte es möglich sein, eine sich als Verfahren entwikkelnde und präzisierende Praxis in einem dauernden Kommunikationsprozeß immer wieder an eine sich parallel dazu entwickelnde Theorie zu binden und beides aneinander zu modifizieren und zu verbessern.

Zur Organisation stufenbezogener Lehrerausbildung in Schulformen sind bereits Erlaßregelungen erfolgt. Das bedeutet für die Primarstufe, daß Primarstufenlehrer ausschließlich in der Grundschule ausgebildet werden.

Im Sekundarbereich I ist die Ausbildung an den drei beteiligten Schulformen im Verhältnis 6 : 6 : 12 obligatorisch, ein Schwerpunkt kann gewählt werden; der Sekundarstufe-II-Lehrer wird schwerpunktbezogen an Berufsschule und Gymnasium ausgebildet. Vieles ist noch umstritten, noch mehr ist schwierig, aber vieles wird sich auch allmählich im Zusammenwirken der Beteiligten einspielen.

Hauptproblemkomplexe sind z. B.:

— Beurteilungs- bzw. Beratungsfragen:
  Wie kann man Maßstäbe und Verfahren einander annähern, die sich in den Bereichen einzelner Schulformen getrennt voneinander unter verschiedenen Intentionen und Bedingungen entwickelt haben? Wer ist zur Beurteilung/Begutachtung bestimmter Ausbildungsphasen bzw. -leistungen (u. a. auch schriftlicher Arbeiten) kompetent, berechtigt, verpflichtet. Wie gehen Teilbeurteilungen in Gesamtbeurteilung ein? Wer muß in welcher Weise beteiligt werden? usw.

— Fragen der Anforderungen auf Fächerebene:
  Wie kann man sicherstellen, daß die Auszubildenden nicht nur

die schulformspezifischen Curricula im Bereich ihrer Unterrichtsfächer auf den verschiedenen Klassenstufen kennen, sondern daß sie auch fähig sind, pädagogische Grundeinstellung, Verfahrensweisen und Anforderungsniveaus jeweils angemessen zu modifizieren? Wie bezieht man allgemeine Intentionen auf die Fachebene? Organisatorisch stellt sich damit das Problem des Zusammenwirkens von Haupt- und Fachseminaren.

Der Abbau von Informationsdefiziten — und damit verbundenen Vorurteilen! —, der im regelmäßigen Umgang von Angehörigen verschiedener Schulformen allmählich ganz von selbst notwendig zustandekommt, wird vieles zur Lösung dieser Probleme beitragen. Wenn jedoch stufenbezogene Lehrerausbildung nicht einfach Angleichung auf mittlerer Ebene unter Inkaufnahme des Verlustes schulformspezifischer Möglichkeiten und Leistungen bedeuten soll, so wird man die schulformspezifisch herausgebildeten Kompetenzen erhalten und auf Stufenebene zueinander vermitteln müssen.

Das würde für den Stufenlehrer Sekundarstufe I heißen, daß er die stärker pädagogisch-psychologisch-allgemeindidaktisch fundierte Kompetenz des alten Hauptschullehrers mit der stärker wissenschaftsorientierten fachdidaktischen Kompetenz des alten Realschul- und Gymnasiallehrers verbinden und in der Lage sein müßte, in allen drei Systemen zu unterrichten. Daß das Schwierigkeiten bringen kann einerseits für die funktionale Kontinuität der Lernprozesse im Gymnasium, das ja durch die Sekundarstufe I und II hindurchreicht, und andererseits auch für Selbstverständnis und Aufgabe der in der Hauptschule tätigen Lehrer, ist bekannt und immer wieder kritisiert worden. Wenn der Stufenlehrer Sekundarstufe I wirklich Realität und Effizienz gewinnen soll, dann muß er einem prinzipiell theorieferneren und mehr auf Praxis orientierten Hauptschüler ebenso gerecht werden können wie einem i. w. theorie- und studienbezogenen Gymnasiasten.

Entsprechendes hätte für den Sekundarstufe-II-Lehrer zu gelten, obwohl hier die zu überbrückende Spannung noch um ein Vieles größer ist. Mit Recht kann man skeptisch sein hinsichtlich der Möglichkeit der vollen Integration der Lehrämter auf dieser Ebene und hinsichtlich der Möglichkeit der Realisierung der Integration in Fachschwerpunkten. Prinzipiell scheint hier äußerste Zurückhaltung angebracht.

Als Mittel, mit denen stufenbezogenen Richtzielen in der Ausbildung von Lehrern möglicherweise Qualifikationen zu ihrer Realisierung zugeordnet werden könnten, stehen u. a. zur Diskussion:

1. Für die Ausbildung von Primarstufenlehrern:
   - Formen und Möglichkeiten der inneren Differenzierung, unter starker Abhebung auf Fach- und Themenschwerpunkte;
   - Themenauswahl und Verfahren der Darbietung in der Spannung zwischen Wissenschaftsorientiertheit und Kindgemäßheit des Lernens;
   - Diagnose von Lernmöglichkeiten, Interessenschwerpunkten und Lernhemmungen bei Schülern;
   - Möglichkeiten der Entfaltung-Entwicklung von Lernmotivation;
   - Aufbau angemessener Sprach- und Interaktionskompetenz beim angehenden Lehrer.

   Insgesamt muß der Lehrer der Primarstufe in seiner berufsfeldbezogenen Ausbildung zum Experten für kindliches Lernen in verschiedenen Lernbereichen gemacht werden. Ohne den Sachanspruch von Fächern/Lernbereichen unterschätzen zu wollen, müßte ein Schwerpunkt der Ausbildung im pädagogisch-psychologischen Bereich liegen.

   Viele der hier vorgeschlagenen Ansätze hat Wolfgang Klafki — teils von anderen Ansatzpunkten aus — bereits exponiert[63]. Einiges modifiziert sich in den hier formulierten und erörterten Zusammenhängen, so z. B. der Mündigkeits-Emanzipationsbegriff, der sich vom schlichten „Verändern der Verhältnisse“ mehr zum „verarbeitenden Verändern des Bildes von sich selbst“ wandelt u. a. m.

2. Für die Ausbildung von Lehrern für die Sekundarstufe I:
   - Formen und Möglichkeiten äußerer und innerer Differenzierung unter starker Abhebung auf Fach- und Themenschwerpunkte;

[63] Tagungsberichte des Landesinstituts für schulpädagogische Bildung Nordrhein-Westfalen, Heft 64, Düsseldorf [5]1979.

— Diagnose von Lernmöglichkeiten, Interessenschwerpunkten und Lernhemmungen bei Schülern: Beratung; Ermittlung individueller Lernfortschritte;
— Leistungsbeurteilung/Leistungsbemessung: Qualifikationsermittlung;
— Möglichkeiten der Mitwirkung von Schülern bei der Auswahl von Unterrichtsgegenständen und der Planung von Unterricht[64]. Einführung in Grundaspekte „Kommunikativer Didaktik“[65]; Verhaltenstraining;
— starke Betonung der fachwissenschaftlichen Komponente der Ausbildung.

3. Für die Ausbildung von Lehrern für die Sekundarstufe II:
Der viel höhere Spezialisierungsgrad des Lernens in der Sekundarstufe II sowohl wie sein — vor allem im gymnasialen Bereich — wissenschafts-propädeutischer Charakter fordern in der Ausbildung der Lehrer:
— starke Betonung der speziellen fachwissenschaftlichen und/oder berufskundlichen Komponenten der Ausbildung:
Fachkompetenz;
— Leistungsbeurteilung/Leistungsmessung:
Qualifikationsermittlungskompetenz;
— Erarbeitung von Kenntnissen und Einsichten in bezug auf Bedingtheit/Begrenztheit sowohl wie Leistungsmöglichkeiten von Wissenschaft: wissenschaftstheoretische Kompetenz;
— Kenntnisse und Fähigkeiten in bezug auf Möglichkeiten der Erhebung von Lernvoraussetzungen/Lerngeschichte der Schüler:
diagnostische Kompetenz;
— Fähigkeit, mit Adoleszenten und jungen Erwachsenen in einer Weise umzugehen, die sie in ihrer menschlichen Würde unangetastet läßt, sie als Person voll ernst nimmt und ihnen Motivation zum Lernen ermöglicht:
kommunikative Kompetenz.

---

[64] W. ZIMMERMANN 1977.

[65] K. H. SCHÄFER, K. SCHALLER 1976; K. MOLLENHAUER 1972 u. a.

Insgesamt dürfte die Schwerpunktverschiebung, die im Rahmen stufenbezogener Lehrerausbildung nötig wird, sich, was allgemeine stufenspezifische — erziehungswissenschaftliche und didaktische — Aspekte betrifft, noch in Grenzen halten. Hingegen dürfte der Zwang zur Ausdehnung der Kompetenz über die Breite schulformdifferenter Variationen und Bedingungen hinweg schon in der Sekundarstufe I in verschiedenen Bereichen zu Mehrbelastungen, in der Sekundarstufe II gar teilweise zur Einsicht in die Unmöglichkeit weitergehender Integration führen.

Bleibt noch darauf hinzuweisen, daß hier nur der Versuch gemacht werden konnte, einige möglicherweise für stufenspezifische Lehrerausbildung relevante Mittel-Aspekte zusammenzustellen. Allgemeindidaktisch sowohl wie fachdidaktisch eingespielte Ausbildungscurricula modifizieren sich unter dem Druck dieser neu hinzutretenden Schwerpunkte keineswegs grundstürzend, z. B. didaktische Analyse, Unterrichtsplanung usw. werden sich nicht prinzipiell, allenfalls tendenziell ändern. Ob die vorgeschlagenen Schwerpunkte die richtigen und wie groß die Veränderungen sind, die sie zur Folge haben, kann nur der Versuch der Realisierung in der Praxis erweisen.

Etwas tröstlich kann bei der Schwierigkeit der Aufgabe stimmen, daß in der Innovationssituation der alte Grundkonflikt der Lehrerausbildung an Schärfe verliert, der ja darin besteht, daß Leute, die selber überhaupt nicht (oder nicht mehr) oder nur noch wenig unterrichten, solchen, die ausschließlich und immer unter großer Belastung unterrichten, sagen wollen bzw. sollen, was sie zu tun haben, was sie falsch machen, besser anders machen sollten ...

Bedingungslage

Ebenso umstritten wie die Probleme der Mittel-Korrelationen sind Aussagen über die Bedingungslage. Nicht einmal über die Frage, was denn eigentlich Bedingungen sind, besteht Konsens und noch weniger über die Frage nach ihrer Relevanz.

So sind in der Argumentation interessierter und engagierter Gruppen unter Umständen Schulformen, gesetzliche und erlaßmäßige Regelungen, Einordnung von Lehrämtern in Statushierarchien und dergleichen Bedingungen, die man als mehr oder weniger unveränderbar ansieht, bzw. ausgibt. Andere Gruppen mit anderer Interessenlage neigen dazu, dergleichen mehr als Mittel anzusehen und für in hohem Maße veränderbar zu halten.

Das alles läßt sich zwar nicht ein für allemal entscheiden, doch ist argumentative Gewichtung möglich.

Bedingungen, die auf juristischen Regelungen beruhen, sind prinzipiell veränderbar. Je nach ihrer Bedeutung sind sie jedoch leichter oder nur schwer zu verändern, z. B. verfassungsmäßige Bedingungen schwerer als gesetzliche Regelungen und diese wieder schwerer als Erlasse und Verfügungen usw.

Einschätzung und Wertung von Bedingungen aus bestimmten Interessenlagen heraus unterliegen einem generellen Rechtfertigungszwang im Kontext der Interessen möglichst aller anderen.

Bedingungen schließlich, die sich aus der Lebenssituation der Schüler ergeben, haben vom Auftrag der Schule her hohe Priorität, sind darüber hinaus auch ziemlich gut zu beschreiben und zeigen relativ hohe Invarianz.

Diese Bedingungen sind daher für die Struktur einer stufenbezogenen Didaktik von entscheidender Bedeutung.

Leider steht in der öffentlichen Diskussion die Lautstärke der einzelnen Gruppen oft in umgekehrtem Verhältnis zur Rechtfertigung ihrer Argumentation im Gesamtkontext der Interessen.

Und umgekehrt hat der geringe Organisationsgrad der Eltern und Schüler zur Folge, daß ihre oft wichtigen Interessen nicht so überaus durchschlagkräftig vertreten werden wie die oft viel unwichtigeren gut organisierter Lehrergruppen. Diese Verzerrung gilt es in Rechnung zu stellen.

Darüber hinaus scheint die Befürchtung nicht abwegig, daß viele Beteiligte — Eltern, Lehrer, Schüler — ihre wahren Interessen bisher nicht klar genug gesehen, geschweige denn definiert haben. Vermeintliches Partikularinteresse wurde immer vorrangig vor Gesamtinteresse gesehen. Es wäre an der Zeit — schlimmstenfalls wird es die reale Entwicklung erzwingen — partikulare Interessen als fundamental bedingt durch das Gesamtinteresse an einem geordneten Staatswesen, einer funktionierenden Wirtschaft und Produktivität, einem rationalen Einsatz der personellen und produktiven Kapazitäten und orientiert am Gesamtwohl aller Bürger zu sehen.

Das an sich sehr schwierige Problem der Rangfolge der relevanten Bedingungen reduziert sich im Zusammenhang der hier vorgetragenen Überlegungen zu Konstruktionsmöglichkeiten stufenbezogener Didaktik insofern, als zumindest für NW zwei gesetzlich fixierte Invariante vorhanden sind, von denen die Überlegung zunächst auszugehen hat:

— das Lehrerausbildungsgesetz NW vom 29. 10. 1974 in der Neufassung vom 28. 8. 1979 mit seiner Festlegung von Stufenlehrämtern;
— das Schulverwaltungsgesetz NW vom 10. 7. 1962, neugefaßt durch Gesetz vom 21. 12. 1976 — in der Fassung der Bekanntmachung vom 16. 8. 1978 — mit seiner uninterpretiert bleibenden Verschränkung von Schulformgliederung und Stufenbezug, die sich in Formeln niederschlägt wie, das Schulwesen sei „... nach Schulstufen aufgebaut und in Schulformen gegliedert ...“[66]

Solche gesetzlichen Vorgaben sind zwar prinzipiell veränderbar, aber eben nur durch entsprechende Novellierungen oder gar Aufhebungsakte des Gesetzgebers. Bemühungen um Modifikation sind auf parlamentarischer Ebene seit langem fortlaufend im Gange.

[66] Vgl. den § 4 des Gesetzes.

Die hier vorgetragenen Überlegungen gehen von der augenblicklichen, relativen Invarianz der Gesetzesvorgaben aus und versuchen zumindest theoretisch zu eruieren, was mit den wichtigsten anderen Variablen des didaktischen Feldes geschehen wird, geschehen müßte, könnte, sollte, wenn man sie in Abhängigkeit der beiden genannten primären Invarianten bringt.

Dies ist in den Kapiteln über Stufenzielsetzungen und Mittel-Korrelationen zu ihrer Realisierung für die vermuteten Haupt-Aspekte versucht worden. So stellt sich hier die Frage, welche weiteren Randbedingungen des didaktischen Feldes auf das System stufenbezogener Didaktik einwirken und wie diese Einwirkungen vorab und hypothetisch eingeschätzt werden können. Erst auf dieser Grundlage kann das Paradigma „Stufenbezogene Didaktik“ voll entfaltet werden.

Schon die Frage, wie man die Variablengruppen systematisch ordnen sollte und wie man sichern könnte, daß nicht ganz wesentliche einwirkende Komponenten unbemerkt bleiben, ist schwer befriedigend zu beantworten. Man muß wohl auf das rekurrieren, was in den letzten Jahren in veröffentlichten, wissenschaftlich gemeinten Äußerungen und in der allgemeinen politisch-gesellschaftlichen Diskussion zur Sprache kam. Nicht erst seit Kuhn[67] wissen wir, daß die Schwerpunkte der Aufmerksamkeit und die sich damit stellenden Aufgaben gewissermaßen „modischen“ Schwankungen und Akzentverschiebungen unterliegen, man denke an den sogenannten „Paradigmawechsel“[68].

So kann Partialblindheit leider nie völlig ausgeschlossen werden, aber sicher arbeitet man methodisch sauberer und metatheoretisch korrekter, wenn man diese Möglichkeit von vornherein einbezieht und dadurch auch den eigenen Lösungsversuchen gegenüber skeptisch bleibt.

In einem ersten Anlauf werden die Randbedingungen zunächst *systematisch nach Hauptkomplexen* geordnet, in einem zweiten Durchgang wird versucht, die *Relevanz der Bedingungen im System stufenbezogener Didaktik* zu erörtern und zu gewichten.

---

[67] TH. S. KUHN: Die Struktur wissenschaftlicher Revolutionen, Frankfurt 1973.

[68] a. a. O., S. 68 ff.

Versuch einer systematischen Ordnung der Randbedingungen nach Hauptkomplexen

Die hier zur Ordnung der Bedingungen vorgeschlagenen Komplexe stellen Blickrichtungen dar, unter denen das Gesamtfeld überschaubar werden soll, sie schließen Überschneidungen aber nicht aus: gleiche Gesichtspunkte können unter verschiedenen Blickrichtungen erscheinen. Folgende Hauptvariablenkomplexe könnte man auf seiten der Bedingungen unterscheiden:

a) personenbezogene Variable,
b) lernprozeßbezogene Variable und
c) institutionsbezogene Variable.

Das bedarf der Erläuterung:

Die erste Variablengruppe (a) bezieht sich auf die im Gesamtfeld (-„system") handelnden Personen, Schüler, Lehrer, Eltern, und zwar sowohl in Hinsicht auf ihre Individualität als in Hinsicht auf ihre gruppenspezifischen Verhaltensweisen, Interessen, kurz: das sogenannte Rollenverhalten. Modifizierend gehen weitere personenbezogene Größen ein wie Lebensalter, Geschlecht, schichtspezifische Bedingungen der Herkunft und Lebensumwelt, Aspekte der individuellen Lerngeschichte wie der genetisch programmierte Anteil von „Begabung" bei Schülern, Aspekte der Ausbildung, Vorbildung, Lebensumwelt und des Selbstverständnisses bei Lehrern und Eltern usw. Über rollen- und gruppenspezifische Aspekte vermittelt sich dieser ganze Variablenkomplex mit der gesamtgesellschaftlich-politischen Bedingungslage, was immer das in seiner prinzipiellen Unerfaßbarkeit auch sein mag, die allenfalls in wechselnden Tagesaktualitäten der veröffentlichten Meinung, modisch getönt, gerinnt. Zwischen allen Beteiligten, Individuen und Gruppen, besteht ein beständiges Verhältnis der Interaktion, in dem und durch das sich die einzelnen Positionen definieren und aneinander modifizieren.

Die Gruppen der lernprozeßbezogenen (b) und institutionsbezogenen (c) Variablen überlappen sich breit; trotzdem scheint es sinnvoll, sie voneinander getrennt zu halten.

Unter lernprozeßbezogenen Bedingungen (b) kann alles verstanden werden, was in den Prozeß des Lernens über die in den Kapiteln Zielsetzungen und Mittel-Korrellationen behandelten Aspekte hinaus gestaltend-bedingend-organisierend eingeht, z. B. Entscheidungen über Unterrichtsgegenstände, Themen, Inhalte, Motivationsprobleme, Probleme der Individualisierung und Differenzierung des Lernens.

Als institutionsbezogene Bedingungen (c) können solche verstanden werden, die sich durch die Schulformen ergeben, z. B. schulformbezogene Richtlinien und Lehrpläne, Organisation von Unterricht in Jahrgangsklassen und/oder Kursen, das System der Abschlüsse, Qualifikationen und Berechtigungen, amtlich fixierte Kriterien und Methoden der Leistungsfeststellung, Einwirkungen der Schulaufsicht usw.

Was die Veränderungsmöglichkeit der einzelnen Variablen betrifft, die in diesen komplexen, mit zahlreichen Einzelaspekten besetzten Feldern auftauchen, so ist dazu kaum allzuviel Generelles zu sagen. Prinzipiell sind wohl die personenbezogenen Bedingungen am schwersten und, wenn überhaupt, nur sehr langsam zu verändern; die institutionsbezogenen sind generell veränderbar. Die Durchsetzung von Veränderungen institutioneller Art setzt Einwirkungsmöglichkeit — vor allem im Sinne politischer Macht — voraus; die Abschätzung der Wirkung durchsetzbarer Veränderungen aber wird zunehmend als schwierig bis unmöglich angesehen, und der Mut zum Wagnis ist im Schwinden begriffen — wie es scheint — zu Recht. Lernprozeßbezogene Bedingungen schließlich sind im allgemeinen relativ leicht zu verändern; jedoch ist die Wirkung von Veränderungen bislang noch sehr ungenügend gesichert und scheint eher relativ gering.

Optimismus also ist keineswegs berechtigt, eher das Gegenteil. Aber das ist kein Grund dafür, Veränderungen, die man als notwendig erachtet, resignierend voreilig zu unterlassen; eher wird diese Einsicht dazu führen, sich vor übereilter Euphorie wie vor möglicherweise daraus resultierenden kurzschlüssigen Enttäuschungen zu hüten. Die sich stellenden Aufgaben sind schwierig und langfristig; Erfolge sind nur unter Einsatz von erheblicher Energie und Ausdauer allmählich in bescheidenem Maße möglich.

Versuch einer Abschätzung der Relevanz der Randbedingungen im System stufenbezogener Didaktik

Es wurde schon an anderer Stelle erörtert, daß der Stufenbezug vor allem ein lernorganisatorischer Aspekt ist. Damit sind die für das System stufenbezogener Didaktik wichtigsten Bedingungen diejenigen, die sich auf den Lernprozeß beziehen.

Grundlegende Bedingung aller schulischen Lernprozesse sind *die stets ungleichen Lernvoraussetzungen der einzelnen Schüler,* die auf Unterschiede des genetischen Potentials und differente, teils ihrerseits wieder schichtspezifisch bedingte Sozialisationsmodi zurückzuführen sind. Dabei impliziert sind Unterschiede der Lerngeschwindigkeit, der Lernbereitschaft, der Verarbeitungskapazität und dergleichen mehr.

Trotz des mit Schwerpunkt in der Primarstufe versuchten Ausgleichs allzu großer sozialisationsbedingter Unterschiede bleiben die Lernvoraussetzungen durch die Stufen hindurch ungleich, ja werden eher noch differenter, weil der Ausgleich nur Teilerfolge bringen kann, andererseits aber durch das konkurrierende Prinzip der „Förderung der individuellen Leistungsfähigkeit" mindestens kompensiert, wahrscheinlich überkompensiert wird und weil drittens ein in zunehmendem Maße auf Leistungsmöglichkeiten der Schüler abgestimmtes differenziertes Lernangebot zu weiterer Steigerung, ja Potenzierung der Differenzen führt.

Mit den Unterschieden des Leistungsniveaus gehen solche der Interessenschwerpunkte einher.

All diesen durch die Stufen hindurch sich schärfer ausprägenden Bedingungen muß das Schulsystem durch ein immer differenzierter werdendes Lernangebot Rechnung tragen.

Einige Möglichkeiten, wie das geschehen kann, sind in dem Kapitel über Mittel-Korrelationen schon erörtert worden.

Im folgenden werden nun noch einmal die wichtigsten Bedingungsvariablen zusammengestellt, die auf den Lernprozeß in den einzelnen Stufen Einfluß haben. Auch von daher ergibt sich ein je stufenspezifisches Bedingungsmuster.

a) Primarstufe

Die Schüler kommen mit sehr ungleichen Lernvoraussetzungen in die Schule. Diese sind einerseits auf Unterschiede des genetischen Potentials, andererseits auf differente Sozialisationsmodi zurückzuführen. Unterschichtkinder, d. h. heute bei uns besonders auch Kinder ausländischer Arbeitnehmer, haben ungünstige Ausgangsbedingungen. Einer zunehmenden Skepsis hinsichtlich der Möglichkeit des Ausgleichs dieser ungleichen Lernvoraussetzungen[69] — Problem der Herstellung sogenannter „Chancengleichheit" — steht die ebenfalls zunehmende Einsicht in die Notwendigkeit gegenüber, diesen Ausgleich wenigstens mit Energie zu versuchen.

Unterschiedliche Lernvoraussetzungen manifestieren sich in den verschiedensten Teilbereichen, z. B. in Sprachbeherrschung, Lerngeschwindigkeit, Anstrengungsbereitschaft, Erfolgszuversicht bzw. Mißerfolgsangst u. a.

Das früher geradezu „klassische" Erklärungsmodell für diese Unterschiede, das auf dem allein für bestimmend gehaltenen „statischen" Einfluß des genetischen Programms beruhte, ist im allgemeinen durch eine differenziertere und skeptischere Betrachtungsweise abgelöst worden. Nach anfänglicher euphorischer Überschätzung der Veränderungsmöglichkeiten durch früh angesetzte gezielte Lernprozesse sieht man allmählich deutlicher die Schwierigkeiten, den hohen Aufwand und Energieeinsatz, die auch nur für relative und geringfügige Veränderungen notwendig werden. Wie weit Veränderungen auf Dauer überhaupt zu stabilisieren sind, ist umstritten[70].

Diesen skeptisch stimmenden Ungleichheiten steht dann erfreulicherweise eine beim Schuleintritt recht häufig zu beobachtende hohe kindliche „Lernbereitschaft" und „-freude" gegenüber, die aber schnell zerfällt, wenn Erfolge ausbleiben.

Hinzu kommen große Motorik und Spielfreude sowie eine stark emotionale Akzentuierung der kindlichen Psyche, die ein großes Bedürfnis nach Wärme und Anlehnungsmöglichkeit zur Folge hat. Hingegen ist die kognitive Dimension der kindlichen Psyche noch

---

[69] Mindestens seit CH. JENCKS 1973.

[70] U. BRONFENBRENNER 1974.

weitgehend unentwickelt. Sie im Kontext der übrigen Bedingungen nach Maßgabe des individuell Möglichen allmählich zu entwickeln und zu entfalten ist neben der Herausbildung charakterlicher und emotionaler Strukturen Hauptaufgabe des Lehrers. Ihm kommt im Kontext der emotionalen Bedürfnisse der Kinder als Bezugsperson entscheidende Bedeutung zu.

b) Sekundarstufe I

Die Lernvoraussetzungen der Schüler bei Eintritt in die Sekundarstufe I sind nach wie vor ungleich, ja sie sind — trotz der Bemühungen um „Chancenausgleich" — eher noch ungleicher als bei Eintritt in die Primarstufe. Das beruht einerseits immer noch auf Unterschieden der Lernfähigkeit, die genetisch programmiert sind, und andererseits auf unterschiedlichen Sozialisationsmodi, wird aber nun zusätzlich durch unterschiedliche Lernerfahrungen und -erfolge verstärkt.

Der in der Primarstufe versuchte Ausgleich ungleicher Lernvoraussetzungen kann mit Sicherheit nur Teilerfolge bringen; er wird durch den Versuch des Eingehens auf individuelle Lernmöglichkeiten und Interessen mindestens kompensiert, wahrscheinlich sogar überkompensiert.

Man kann gar nicht genug deutlich machen, daß der Versuch, ungleiche „Startchancen" auszugleichen, niemals bei der „Gleichheit" der Lernenden am Ende der Primarstufe anlangen kann, sondern daß die Ungleichheiten größer werden und die verschiedenen Lernmöglichkeiten deutlicher hervortreten als bei Eintritt in die Primarstufe.

Lerngeschwindigkeiten und Verarbeitungskapazität sind verschieden; insbesondere die kognitive Dimension ist in den fundamentalen Ansätzen entwickelt und so weit differenziert, daß sich erhebliche Unterschiede der Leistungsfähigkeit ergeben.

Bei den Schülern, die im allgemeinen Lernerfolge erlebt haben, hat sich Lernbereitschaft besser stabilisieren können; bei all denen aber, die Mißerfolge in Kauf nehmen mußten — und das ist bislang eher die Mehrheit —, ist die Lernbereitschaft geringer geworden. Solange Schulerfolg einseitig an der Meßlatte kognitiver, womöglich gar sprachbezogener Fähigkeiten orientiert bleibt, wird die Mehrheit der Schüler die Lust an der Schule zunehmend verlieren[71].

Einher geht mit der für die Mehrheit der Schüler zu konstatierenden Abnahme von Lernbereitschaft und Schulfreude eine Erweiterung des Interessenkreises. Erfolge und Befriedigung werden um so mehr auf außerschulischen Feldern gesucht, je weniger sie in der Schule sich einstellen.

Auch Bedingtheiten der Lebensumwelt, des „Elternhauses" und dergleichen wirken sich nun deutlicher aus.

Motorische Überschüsse werden allmählich kanalisiert; Bewegungs- und Spielfreude nehmen langsam ab.

Dabei ist die kindliche Psyche immer noch sehr stark von Emotionalität bestimmt, aber sie hat sich bei der Mehrheit der Schüler durch Mißerfolgserlebnisse und Frustrationen allmählich von mehr „Vertrauen" zu mehr „Mißtrauen" umakzentuiert. Bei allen Schülern ist aus dem „Urvertrauen" der frühesten Lebensphasen so etwas wie „Realitätserfahrung" geworden.

Mit dieser Entwicklung ist prinzipiell die zunehmende Möglichkeit zu „objektiverer" Selbsteinschätzung gegeben; die Differenzen von Selbstbild und Fremdbild werden erfahrbar. Daß das richtig verarbeiten gelernt wird, ist eine Hauptaufgabe von Schule im Bereich der affektiven Dimension von Erziehung. Davon war schon die Rede. Daß sich hier ein Aufgabenfeld eröffnet, das Schule bisher, wenn überhaupt, nur sehr mangelhaft bewältigt, dürfte deutlich sein. Vielleicht sollten hier Reformenergien investiert werden.

Neben all dem stellen sich den Heranwachsenden Probleme, die sich aus Reifungsprozessen — Sexualität — und Entwicklung — Berufsorientierung, Berufswahl — ergeben.

c) Sekundarstufe II

In der Sekundarstufe II werden die Lernvoraussetzungen immer ungleicher; dies ist durch differente Sozialisationsmodi, verschie-

---

[71] Auch dies ein Grund dafür, in der Sekundarstufe I ein möglichst differenziertes und auf unterschiedliche Lernmöglichkeiten und Interessen abgestimmtes Lernangebot zu machen.

dene genetische Vorgaben und nun zusätzlich durch unterschiedliche Lernorte mit unterschiedlichen Curricula und durch eine je besondere, individuelle Lerngeschichte bedingt.

Diese ungleichen Lernvoraussetzungen erscheinen jetzt als notwendige Bedingung für die Wahl der weiteren Lernwege und die damit verbundene Möglichkeit des Erwerbs bestimmter Qualifikationen.

Ungleichheiten der Lerngeschwindigkeit, der Verarbeitungskapazität, der kognitiven Möglichkeiten, der Sprachkompetenz haben sich gegenüber der Sekundarstufe I aufgrund differenzierter Lernangebote und Leistungsmöglichkeiten verstärkt.

Die Schüler sind endgültig aus der Kindheitsphase in die der Adoleszenz übergegangen und werden im Verlauf der Sekundarstufe II erwachsen und volljährig. Damit werden Probleme bedeutsam, die bisher gar keine oder eine untergeordnete Rolle spielten, z. B. Geldverdienen, Berufsvorbereitung und -ausbildung, Wehrdienst, Aufbau einer selbständigen Existenz, Trennung vom Elternhaus und anderes mehr.

Die kognitive Dimension weist nun nach Ausformung, Leistungsfähigkeit und Verarbeitungskapazität die größten Unterschiede auf. Neigungen bilden sich ausgeprägter heraus.

Die psychischen Dimensionen der Sensumotorik und Emotionalität nähern sich im Normalfall kanalisierten Reifeformen des Erwachsenenalters, im übrigen ergeben sich gerade von daher Kriterien zur Bestimmung von Reifegrad und sozialer Kompetenz.

Erfahrungen von Erfolg und Versagen ermöglichen einerseits sicherere Fremdeinschätzung und führen andererseits zu sehr unterschiedlichen Ausprägungen der Objektivität von Selbsteinschätzung.

Folgen und Folgerungen

Man wird diese — zugegeben sehr theoretischen — Überlegungen nicht abschließen können, ohne wenigstens noch einen kurzen Blick auf die Folgen zu versuchen. Aber auch diese wird man in ihrer Bedeutung nicht richtig abschätzen können, wenn man sich zuvor nicht noch einmal den Gesamthorizont zu vergegenwärtigen gesucht hat, in den das alles hineingehört.

Seit die zunehmende Arbeit menschlichen Bewußtseins die Bedingtheiten staatlichen Zusammenlebens der Menschen in Hinsicht auf ihren Strukturzusammenhang und auf die Problematik seiner Legitimation deutlicher hat hervortreten lassen, ist unter dem Druck wechselnder Interessen und unter der wechselnden Beleuchtung sich wandelnden Interesses eine ständige Fluktuation der möglichen Strukturen und der ihnen zugeordneten Legitimationen in Gang gekommen. Dabei hat es Zeiten gegeben, in denen die bewußte Auseinandersetzung mit möglichen Strukturen und ihren Legitimationen radikaler geführt wurde, und solche, in denen Bewußtsein und Engagement wieder erlahmten.

Inzwischen ist das Bewußtsein allgemein geworden, daß alle Strukturen und Legitimationen veränderbar sind und daß die Durchsetzung von Veränderungen eine Frage der Macht und der Einsicht ist. Weniger deutlich für die Allgemeinheit ist bisher leider die Erkenntnis, daß Wirkungen von Veränderungen so gut wie überhaupt nicht im voraus abgeschätzt werden können, daß Wissenschaft in diesem Betracht entgegen früherer Euphorie heute eher ihren weitgehenden Bankrott zuzugeben bereit sein muß[72].

In diese Struktur- und Legitimationsauseinandersetzung war von Anfang an die Bildungs- und Erziehungsproblematik als integrie-

[72] Es erübrigt sich fast, das unter Hinweis auf Unsicherheiten von Meinungsbefragungen, Wahlvoraussagen, Energiebedarfsschätzungen, Prognosen über Wirtschaftsentwicklung, Arbeitslosenzahlen, Lehrerbedarf (!) u. dgl. zu belegen, von der Wettervorhersage ganz zu schweigen.

render Bestandteil einbezogen: Das Ur-Modell aller Bildungskonzepte, das platonische Paideia-Konzept, wird im Rahmen der Theorie des idealen Staates entwickelt. Das Bewußtsein für die Verbindung von Staatsstruktur, ihrer Legitimation und Bildungskonzeption ist seither nicht mehr verlorengegangen; es ist lediglich in den verschiedenen Epochen unterschiedlich deutlich artikuliert worden. Erst heute sind wir allmählich wieder so weit, den Zusammenhang ähnlich intensiv zu sehen und zu erleben, wie es für die Antike zu Zeiten des Platon und des Aristoteles mehr oder weniger selbstverständlich war. Zugleich damit wächst die wenig beflügelnde Einsicht, für bestehende Zustände als Gesamtgesellschaft voll verantwortlich zu sein, ohne als einzelner allzu viel Einfluß ausüben zu können.

Insbesondere seit dem Ende des 18. Jahrhunderts ist der Frage nach Struktur und Funktion des Bildungswesens im Staat deswegen viel Bedeutung beigemessen worden[73], weil die Entwicklung des Bildungs- und Schulwesens zunächst als die gerechtere Ablösung eines offensichtlich ungerechtfertigten Zustandes erschien. Begann sich doch der Gedanke durchzusetzen, gesellschaftlicher Status sei nicht mehr wie bisher in feudalen Gesellschaftsstrukturen eine Sache von Geburt und Standeszugehörigkeit, sondern an die Leistungsfähigkeit des einzelnen gebunden; und gerade diese sollte das Bildungswesen entwickeln, pflegen und letztendlich beurteilend feststellen. Generell und prinzipiell war in diesem Ansatz eine „Chance“ für jeden enthalten. Faktisch aber entwickelte sich daraus die erneute „Privilegierung“ der bürgerlichen („Mittel-“) Schicht der Gesellschaft. Heute sind wir für die Probleme in diesem Zusammenhang hoch sensibilisiert, ohne recht zu wissen, wie sie „gerecht“ zu lösen sein könnten; und Schule verursacht unter dem Aspekt, „Zuteilungsapparatur für soziale Aufstiegschancen“[74] zu sein, Unbehagen und fordert Kritik heraus.

Erst wenn man sich den hier nochmals kurz skizzierten Kontext bewußt macht und bewußt hält, kann man die auf Reform von Schule zielenden Tendenzen ihrer Herkunft und Begründung nach

---

[73] Man denke z. B. an Condorcet, natürlich auch an W. v. Humboldt.

[74] Die Formel von H. SCHELSKY.

richtiger einschätzen. Ob alles, was man nun in diesem Zusammenhang als Ungerechtigkeit diagnostiziert, und alles, was man dann als Mittel zur Aufhebung des Unbehagens daran offeriert, wirklich geeignet ist, einiges von dem zu leisten, wozu es sich anheischig macht, kann man zunächst durchaus bezweifeln. Unter dieser generellen Skepsis sollte auch alles das zur Kenntnis genommen werden, was hier an Überlegungen zu einer Theorie stufenbezogener Didaktik vorgeschlagen wird. Diese — m. E. dringend gebotene — Skepsis wird dann um so leichter eintreten, wenn man sich — nach dem notwendigen Rückgriff auf die säkularen Begründungen des Unbehagens und der Reform — nun den möglichen Folgen und Folgewirkungen des hier in Rede stehenden Teilstücks der Gesamtbemühung zuwendet: Skepsis ist notwendig im Sinne des Durchhaltens von Realitätskontakt; sie sollte aber nicht vorschnell in Resignation münden ...

Prinzipiell sind, was die Situation in Nordrhein-Westfalen betrifft, die ja Anlaß für diese Überlegungen war, zwei Entwicklungen denkbar:

1. Schulische Wirklichkeit kann sich allmählich, zunächst in kaum wahrnehmbaren Schritten, an die Realität stufenbezogener Lehrerausbildung assimilieren, d. h. drastisch überpointiert: die Stufenlehrer werden zum Hebel, durch den die vertikale Orientierung, nicht unbedingt auch die Gliederung, des Schulwesens sich auf eine horizontalere umorientiert;
   oder:
2. Lehrerausbildung gleicht sich allmählich wieder stärker an die Bedingungen des bestehenden gegliederten Schulsystems an: Rückassimilation.

Faktisch dürfte es allerdings wohl zu einer modifizierenden Konvergenzbewegung kommen, in der beide Möglichkeiten aufeinander zugehen, sich aneinander abreiben und aufeinander einstellen.

Diese mutmaßliche Entwicklung bietet einige Chancen. Gelänge es, diese Chancen zu nützen, so wäre das in der gegebenen schwierigen Situation ein immerhin möglicher Ausweg.

Die größte Chance der eingeleiteten Entwicklung im Bereich der Lehrerausbildung liegt darin, daß die seinerzeit schon im Strukturplan angesprochenen wechselseitigen Defizite schulformbezogener

Lehrerausbildung beseitigt werden können, Defizite, die sich modellhaft beim alten Grund- und Hauptschullehrer in Hinsicht auf „wissenschaftliche" und beim alten Gymnasiallehrer in Hinsicht auf „pädagogische" Kompetenz finden ließen. Das kann hier ruhig in dieser verkürzten, durch Anführungsstriche markierten Form, stehen bleiben, wenn man darauf hinweist, daß die Bemühung um pädagogisch-erziehungswissenschaftliche Kompetenz ja integrierender Bestandteil aller Stufenlehrer-Ausbildungsgänge, mindestens in Gestalt des sogenannten erziehungswissenschaftlichen Begleitstudiums, ist und daß andererseits die wissenschaftlich-fachliche Komponente im Studiengang der Primarstufenlehrer stärker ausgebildet wird.

Die Befürchtung des Rückgangs fachwissenschaftlicher Kompetenz in S-I- und S-II-Ausbildungsgängen ist nicht ganz zu entkräften; jedoch ist es möglich, dieser Tendenz entgegenzuwirken. Ebenso wird es auf die Dauer gelingen können, noch vielerorts bestehende Insuffizienzen und Einseitigkeiten der erziehungswissenschaftlichen Grundausbildung aller Lehrer zu beseitigen.

Insgesamt müßte eine recht verstandene und zwischen den Aspekten „Erziehungswissenschaft/Pädagogik" und „Fachwissenschaft" ausgewogene Stufenlehrerausbildung wohl eine qualitative Verbesserung gegenüber dem früheren Zustand bedeuten; allerdings ist sie gerade dann, wenn sie Verbesserung ist, mit einer Zunahme des Anspruchs an die Studierenden verbunden, und das steht sicher in einigem Widerspruch zu der zeitweilig forcierten Steigerung der Zahl von Lehrern. Rückläufige Schülerzahlen aber ermöglichen mittelfristig die in der Intention stufenbezogener Lehrerausbildung sicher liegende Verbesserung der Qualität.

Auch die zweite Phase der Lehrerausbildung hat ihre spezielle Chance. Wenn es gelingt, die alltägliche Ausbildungsarbeit unter die vorhin beschriebenen Zielsetzungen zu stellen und dabei dem ausbildenden Lehrer sowohl wie dem Auszubildenden einen Begriff von der Sinnhaftigkeit einzelner Maßnahmen und Unternehmungen im Zusammenhang der Orientierung des beschriebenen Ganzen zu geben, so wäre schon viel gewonnen. Das aber bedeutet: Lehrerausbildung kann auf die Reflexion auf Zielsetzungen im Sinne des oben Skizzierten unter gar keinen Umständen verzichten.

Nur so ergeben sich möglicherweise Orientierungen und Maßstäbe für Praxis im einzelnen.

Konkret: Ausbildungsvorschriften, Richtlinien und dergleichen müssen daraufhin überprüft werden, wie sie sich unter den eruierten Zielsetzungen modifizieren bzw. wie sie im Zusammenhang damit interpretiert und gehandhabt werden müssen.

Was z. B. Schulfächer im Rahmen schulformbezogener Richtlinien betrifft, so bietet hier das Auseinanderklaffen von Lehrerausbildung und Schulorganisation die unverhoffte Chance, auf Schulformen orientierte Lehrpläne als ein Modell der äußeren Differenzierung zu interpretieren und so unter Umständen dem Prokrustesbett einer klassenstufen- und fachbezogen vereinheitlichenden Fundamentum-Additum-Organisation zu entgehen. Denn sicher ist es nicht sinnvoll, etwa in Mathematik, Deutsch, Englisch usw. zwischen Hauptschule, Realschule und Gymnasium bis zu Klasse 10 gleiche Fundamenta festschreiben zu wollen. Das würde im einen Falle Überforderung, im anderen Hemmung, in jedem aber unsinnige Uniformierung bedeuten, von der qualitativ anderen Grundorientierung der Schulformen, auf die schon hingewiesen wurde, ganz abgesehen.

Erfolg bzw. Sinnhaftigkeit stufenbezogener Lehrerausbildung steht und fällt damit, ob es gelingt, die bedeutendsten Zielsetzungen des Konzepts stufenbezogener Didaktik in ihr wirksam werden zu lassen oder nicht.

Das betrifft vor allem die Lösung des Chancengleichheitsproblems. Wird durch diesen Ansatz die zentrale Frage des Übergangs von primärer (Elternhaus) über sekundäre Sozialisation (Schule) in das Leben (Beschäftigungssystem) so gelöst werden können, daß die Aufgaben des Ausgleichens, Förderns und Verteilens unter Leitgesichtspunkten wie Selbstdefinition/„Emanzipation“ in ein für alle erträgliches, legitimierbares Verhältnis kommen?

Wird es möglich sein, der überängstlichen Vorsicht zu weit gehenden, nicht zu verantwortenden Förderns und Offenhaltens der Ausbildungswege ebenso zu entgehen wie der übertriebenen Härte früher, nicht zu revidierender Endgültigkeiten?

Wird es möglich sein, anstelle der irrigen Annahme, Kinder, die weiterführende Abschlüsse erreichen, müßten ihrer sozialen Herkunft nach möglichst genau dem Verhältnis der Schichten in der Gesellschaft entsprechen, allmählich die Erkenntnis treten zu lassen, daß wir es uns gar nicht leisten können, erhebliche Mittel für den Ausgleich sozialisationsbedingter Defizite einzusetzen, die am anderen Ende für die Förderung vorhandener Fähigkeiten fehlen?
Wird es gelingen, Schule so umzugestalten, daß sie das soziale Miteinander bei unterschiedlicher Leistung, Verhaltens- und Sprachkompetenz zu erlernen ermöglicht, daß sie Ertragen von Unterschieden in Achtung voreinander und Verantwortlichkeit füreinander lehrt?
Wird es möglich sein, zugleich damit ein neues Ethos aufzubauen, das weniger auf Durchsetzung und eigenen Erfolg und mehr auf das Miteinander gerichtet ist?
Letztlich sind es Fragen dieser Art, an denen Erfolg und Sinnhaftigkeit des didaktischen Konzeptes gemessen werden müssen. Je nach ihrer Beantwortung steht oder fällt es.

Zusammenfassung

1. Hier ist aus gegebenem Teilanlaß — Veränderung der Lehrerausbildung in Nordrhein-Westfalen — der Versuch gemacht worden, eine Didaktik zu konzipieren, die geeignet sein könnte, pädagogisches Handeln insofern zu beeinflussen, als sie auf den Gesamtkontext eines unleugbar seit längerem vorhandenen Unbehagens an Schule rekurriert, Vorschläge für konsensfähige Zielsetzungen vorlegt, Mittel zu ihrer Realisierung vorschlägt und Bedingungen erörtert, mit denen Realisierungsversuche zu rechnen haben.
2. Didaktische Theorien sind nur dann sinnvoll, wenn sie eine pädagogisches Handeln über die Einstellung aller Beteiligten beeinflussende Wirkung haben. Denn nur über die Einstellung der Beteiligten — in erster Linie der Lehrer, dann auch der Schüler, der Eltern, und der Gesellschaft überhaupt — kann ein Wirkungszusammenhang zwischen durch Konsens sanktionierten, d. h. letztendlich auch: legitimierten Zielen und zu ihrer Realisierung hypothetisch eingesetzten Mitteln entstehen: Mittel können nur über Einstellungen der Handelnden zu zieladäquaten werden. Es gibt keine zielunabhängige Wirkung von Mitteln. Ohne die Dynamik zielgerichteter Einstellung setzt sich die ohnehin übermächtige Trägheit des Gegebenen stets wieder durch.
3. Die Aufgabe, Ziele zu formulieren, sie in ständiger Diskussion konsensfähig zu machen und zu halten, ist weder in einem einmaligen Akt ein für allemal zu erledigen, noch — etwa durch Rekurs auf das Grundgesetz — ohne weiteres zu lösen; sie wird durch knappe Mehrheitsentscheidungen von Parlamenten in Teilfragekomplexen eher gestört als gefördert. Niemand und nichts kann Gesellschaft als Ganzes von der Aufgabe der ständigen Fortführung der Diskussion ihrer Zielsetzungen entlasten; das gilt für das Ganze ebensowohl wie für den Teil-

bereich Schule, Unterricht und Erziehung. Teilprobleme sind immer auf den Kontext des Ganzen verwiesen.

4. In diesem Zusammenhang ist die beständige Bemühung um möglichst klare Unterscheidung zwischen Zielen, Mitteln und Bedingungen eine sich unablässig und immer wieder stellende Aufgabe. So ist z. B. die Einführung integrierter Gesamtschulen — in welcher Form auch immer — keine Zielsetzung an sich, sondern ein hypothetisch für geeignet gehaltenes Mittel zur Erreichung von Zielsetzungen, die klar beschrieben werden müssen.
5. Die Konzeption einer stufenbezogenen Didaktik ist ein Ansatz, der erstmalig nach dem Strukturplan für das Bildungswesen von 1970 wieder die Formulierung von Zielsetzungen für Schule und Schulstufen im gesamtgesellschaftlichen Rahmen erlaubt bzw. notwendig macht. Der Schwerpunkt des Konzepts liegt im Bereich der Zielvorschläge. Die Mittel bleiben hypothetisch: ihre Wirksamkeit bedarf der laufenden, kritischen Überprüfung.
6. Erfahrungen der letzten Jahre haben nicht nur die Skepsis gegenüber der Wirkung von Mitteln erhöht, sondern auch in vieler Hinsicht zur Modifizierung, Veränderung, ja Neuformulierung von Zielen geführt; dies gilt insbesondere für Zielsetzungssyndrome, die ganz besonders von hoffnungsvoller Reform-Euphorie getragen waren, wie z. B. die Emanzipations- und die Chancengleichheitsidee, aber auch die Forderung nach Wissenschaftsorientierung allen Lernens und anderes. Ebenso ist es notwendig, fundamentale Fragestellungen neu und skeptisch zu überdenken, wie die nach dem Verhältnis von Begabung und Lernen, nach den Möglichkeiten des Förderns und der Individualisierung von Lernprozessen.
7. Schließlich sind Korrekturen von Ethos notwendig geworden. Einem leichtfertig stimulierten, ausufernden Anspruchsdenken war mit Entschiedenheit der Gedanke der Verpflichtung zur Leistung für die Gesamtheit entgegenzustellen und mit Nachdruck darauf hinzuweisen, daß ein Anspruch auf Achtung und Anerkennung nur aus der Leistung für andere abgeleitet werden kann.

Literaturverzeichnis

BALLAUFF, TH.: Skeptische Didaktik. Heidelberg (Quelle u. Meyer) 1970.

Bildungskommission des Deutschen Bildungsrates:

— *Empfehlung:* Zur Neugestaltung der Abschlüsse im Sekundarschulwesen. Stuttgart (Klett) 1969.

— *Empfehlung:* Einrichtung von Schulversuchen mit Gesamtschulen. Stuttgart (Klett) 1969.

— *Empfehlung:* Strukturplan für das Bildungswesen. Stuttgart (Klett) 1970.

— *Empfehlung:* Zur Neuordnung der Sekundarstufe II. Konzept für eine Verbindung von allgemeinem und beruflichem Lernen. Stuttgart (Klett) 1974.

— *Empfehlung:* Zur Förderung praxisnaher Curriculum-Entwicklung. Stuttgart (Klett) 1974.

— *Bericht '75:* Entwicklungen im Bildungswesen. Stuttgart (Klett) 1975.

BLANKERTZ, H.: *Theorien und Modelle der Didaktik.* München (Juventa) 1969 u. ö., ab 1970: 4. erweiterte und überarbeitete Auflage.

BLOOM, B. S.: *Taxonomie von Lernzielen im kognitiven Bereich.* Weinheim, Basel 1972.

BREZINKA, W.: *Von der Pädagogik zur Erziehungswissenschaft.* Weinheim, Basel, 1971.

— *Grundbegriffe der Erziehungswissenschaft.* Analyse, Kritik, Vorschläge. München 1974.

— *Erziehungsziele, Erziehungsmittel, Erziehungserfolg.* München, Basel (UTB) 1976.

BRONFENBRENNER, U.: *Wie wirksam ist kompensatorische Erziehung?* Stuttgart 1974.

BRUNER, J. S.: *Der Prozeß der Erziehung.* Berlin, Düsseldorf (Schwann) 1970.

BUND-LÄNDER-KOMMISSION FÜR BILDUNGSPLANUNG: *Bildungsgesamtplan,* Bd. 1 und 2, Stuttgart (Klett) 1973.

DERBOLAV, J.: *Gymnasial- und Hochschulpolitik auf dem Prüfstand der Bildungstheorie.* In: Päd. Rundschau 9 (1981) 557 f.

HABERMAS, J.: *Gegen einen positivistisch halbierten Rationalismus.* In: Kölner Zs. f. Soziologie und Sozialpsychologie. 1964.

— *Erkenntnis und Interesse.* Frankfurt 1968.

— *Vorbereitende Bemerkungen zu einer Theorie der kommunikativen Kompetenz.* In: HABERMAS, LUHMANN: *Theorie der Gesellschaft oder Sozialtechnologie.* Frankfurt 1971.

HARDÖRFER, L.: *Empirische oder geisteswissenschaftliche Pädagogik?* In: Päd. Rundschau 22 (1968) 586—598.
— *Über die vierfache Wurzel des Unbehagens an der Schule.* In: Päd. Rundschau 24 (1970) 288—298.
— *Die wissenschaftstheoretische Fragestellung als Basisproblem der Lehrerfortbildung.* In: Wissenschaftstheorie in der Lehrerfortbildung, Bd. 1 und 2, Landesinstitut für schulpädagogische Bildung Nordrhein-Westfalen, Tagungsberichte Heft 70/71, Düsseldorf 1977. 2. Aufl. 1979.
— *Denkenlernen und Gesamtorientierung.* Ein integratives Bildungskonzept. München (Kösel) 1978.
HEIMANN, P., OTTO, G., SCHULZ, W.: *Unterricht — Analyse und Planung.* Hannover (Schroedel) 1965 u. ö.

JENCKS, CH.: *Chancengleichheit.* Hamburg 1973.
JENSEN, A.: *Wie sehr können wir Intelligenzquotient und schulische Leistung steigern?* In: SKOWRONEK, H. (Hrsg.): *Umwelt und Begabung.* Stuttgart 1973.

KLAFKI, W.: *Studien zur Bildungstheorie und Didaktik.* Weinheim 1963.
— *Das pädagogische Problem des Elementaren und die Theorie der kategorialen Bildung.* Weinheim 1964.
— Erziehungswissenschaft als kritisch-konstruktive Theorie: *Hermeneutik — Empirie — Ideologiekritik.* In: Zs. f. Pädagogik 17 (1971) 351 bis 385.
— *Probleme stufenbezogener Didaktik* — Grundfragen (I) — Landesinstitut für schulpädagogische Bildung Nordrhein-Westfalen, Tagungsberichte, Heft 64, Düsseldorf 1976 u. ö.
— *Aspekte kritisch-konstruktiver Erziehungswissenschaft* — Gesammelte Beiträge zur Theorie-Praxis-Diskussion —. Weinheim, Basel 1976.
KLAFKI, W., OTTO, G., SCHULZ, W.: *Didaktik und Praxis,* Weinheim, Basel 1977, [2]1979.
KLAUER, K. J.: *Revision des Erziehungsbegriffs.* Grundlagen einer empirisch-rationalen Pädagogik, Düsseldorf (Schwann) 1973.
KÖNIG, E.: *Theorie der Erziehungswissenschaft.* 3 Bde. München (Fink) 1975/1978.
KRATHWOHL, D. R., BLOOM, B. S., MASIA, B. B.: *Taxonomie von Lernzielen im affektiven Bereich.* Weinheim, Basel 1975.
KUHN, TH. S.: *Die Struktur wissenschaftlicher Revolutionen.* Frankfurt 1973.

MEYER, H. L.: *Einführung in die Curriculum-Methodologie.* München (Kösel) 1972.
— *Trainingsprogramm zur Lernzielanalyse.* Frankfurt, 2. überarbeitete Auflage 1975.

MÖLLER, G. H.: *Technik der Lernplanung. Methoden und Probleme der Lernzielerstellung.* Weinheim 1969, 4. völlig neugestaltete Auflage 1973.
NICKEL, H.: *Entwicklungspsychologie des Kindes- und Jugendalters,* 2 Bde., Bern 1972, 3. durchgesehene und ergänzte Auflage 1975.
POPP, W.: (Hrsg.): *Kommunikative Didaktik — Soziale Dimensionen des didaktischen Feldes.* Weinheim, Basel 1976.
ROBINSOHN, S. B.: *Ein Struktur-Konzept für Curriculumentwicklung.* In: Zs. f. Pädagogik 1969, 631—653.
— *Bildungsreform als Revision des Curriculum.* Neuwied 1967.
ROTH, H. (Hrsg.): *Begabung und Lernen — Ergebnisse und Folgerungen neuer Forschungen.* Gutachten und Studien der Bildungskommission, 4. Stuttgart 1969.
SCHÄFER, K. H., SCHALLER, K.: *Kritische Erziehungswissenschaft und kommunikative Didaktik.* Heidelberg 1971, 3. durchgesehene Auflage 1976.
SCHELSKY, H.: *Anpassung oder Widerstand — Soziologische Bedenken zur Schulreform.* Heidelberg [2]1961.
— *Einsamkeit und Freiheit.* Hamburg 1963.
SKOWRONEK, H.: *Umwelt und Begabung.* Stuttgart 1973.
SPIES, W. u. a.: *Morphologische Didaktik.* Hannover (Schroedel) 1979.
ZIMMERMANN, W.: *Von der Curriculumtheorie zur Unterrichtsplanung.* Paderborn (Schöningh-UTB) 1977.

Anhang

Prof. Dr. Ludwig Hardörfer
Landesinstitut für
schulpädagogische Bildung

Düsseldorf, 1. 10. 76

**Entwurf als Diskussionsgrundlage:
Thesen zum Problem stufenbezogener Didaktik**

1. *Allgemeines*

1.1 *Begriffsexplikationen*

1.1.1 *Didaktik* ist verstanden als Theorie-System sich gegenseitig bedingender und modifizierender Aussagen über Bedingungslage (1), Zielsetzungen (2), Inhalts- bzw. Themenbegründung und -auswahl (3), Methoden- sowie Organisationsprobleme (4) und Erfolgskontrolle (5) im Bereich organisierten Lernens und Lehrens.

1.1.2 *Stufenbezogene Didaktik* ist zunächst grundsätzlich *allgemeine Didaktik* und enthält prinzipiell dieselben Aspekte und Vorgaben wie diese, *akzentuiert sich aber aus einem System begründeter Stufenschwerpunkte* von Stufe zu Stufe je anders.

1.1.3 Als kritische Begründung dieses Akzentuierungssystems ist stufenbezogen-allgemeine Didaktik als Rahmenvorgabe *stufenbezogener Fachdidaktik* je vorgeordnet.

1.1.4 Zwischen *Didaktik, Curriculum, Richtlinien/Lehrplänen* und dgl. gibt es weite Bereiche der Überschneidung; sie sind partiell identisch, partiell — vor allem in der Schwerpunktsetzung — different.

Richtlinien legen Ziele, Grundsätze und Anforderungen von Unterricht fest; in ihnen wird das Prinzip der öffentlichen Verantwortung für das Bildungswesen deutlich.

In *Curricula* werden Richtlinien konkretisiert. Sie stellen Zusammenhänge zwischen den einzelnen didaktischen Feldern (vgl. 1.1.1) dar, versuchen sie zu begründen, geben Hinweise zur Realisierung im Unterricht und zur Überprüfung des Lernerfolgs.

1.1.5 *Fragen der Lehrerausbildung* sind didaktischen Fragestellungen prinzipiell nachgeordnet, stehen aber in Interdependenz mit ihnen; dasselbe gilt für Statusprobleme der Lehrämter und Fragen der Schulorganisation.

Schule ist primär Lernort für Schüler, erst sekundär Berufsort für Lehrer oder ein Organisationsproblem.

1.2 *Bildungspolitische und gesetzliche Vorgaben* sind zwar

1.2.1 *teilweise different,* insofern sie teils „horizontal" auf Stufenbezüge (LABG, Strukturplan), teils „vertikal" auch auf Schulformbezüge (SchVG) abheben, aber

1.2.2 *dadurch nicht unbedingt logisch widersprüchig.*

Die sich in den Differenzen meldenden divergierenden Aspekte können durch eine die horizontale wie die vertikale Dimension berücksichtigende, dialektische Interpretation in eine positive tragfähige Beziehung gebracht werden. Diese zweidimensionale Interpretation ist ein leitender Gesichtspunkt bei Beschreibung der stufenbezogenen Didaktik der Sekundarstufe. Da im Primarbereich Stufe und Schulform identisch sind, ist hier zweidimensionale Interpretation weder möglich noch notwendig.

1.3 *Erziehungswissenschaftliche Bedingungen*

1.3.1 Das Problem stufenbezogener Didaktik ist formulierbar; es ist kein Scheinproblem; daß es lösbar ist, kann unterstellt werden; ob mögliche Lösungen allerdings fruchtbar sind, muß vorläufig offenbleiben.

1.3.2 Wissenschaftstheoretische Grundlagen jeder Didaktik müssen grundsätzlich nach allen Seiten offen bleiben, dürfen also weder positivistisch noch ideologiekritisch „halbiert" werden. Das bedeutet:

1.3.3 Es sind sowohl deskriptive wie präskriptive Aussagen notwendig, möglich, begründbar und grundsätzlich kritischer Infragestellung offen.

1.3.4 Allgemeine Zielorientierung zwischen den Extrempunkten *Mündigkeit — Emanzipation — Selbstdefinition* und *Anpassung — Einordnung — Unterordnung unter gesetzliche Vorgaben* ist selbstverständliche stufenübergreifende Voraussetzung und braucht hier im einzelnen nicht diskutiert zu werden.

1.3.5 Der Strukturplan für das Bildungswesen (1970) enthält zwar einige Kriterien für die Abgrenzung von Stufen und ihre Funktion, bleibt aber in vielem noch sehr global und ist grundsätzlich im Reform-Optimismus seiner Entstehungszeit zu sehr befangen.

Er ist unerläßliches Hilfsmittel, muß aber kritisch und skeptisch gelesen und auf die heutige Situation hin interpretiert werden.

2. *Konstituanten stufenbezogener Didaktik*

Als Konstituanten sind verstanden besonders hervorzuhebende Variable einer allgemeinen Didaktik, durch die der Charakter der einzelnen Stufen akzentuiert ist und die untereinander über die einzelnen Stufen hinweg in einem Bezugssystem stehen. Diese Konstituanten wären als Vorgaben stufenbezogener Fachdidaktik anzusehen.

Beispielsweise ist ein Gesichtspunkt wie „ungleiche Lernvoraussetzungen“ auf jeder Stufe gegeben, aber Begründung sowohl wie daraus resultierende Reaktionen sind je verschieden.

Andererseits ist das Prinzip „soziales Lernen“ ein für alle Stufen in gleicher Weise gültiger Aspekt. Lernen im sozialen Verband, in dem jeder Einzelbeitrag als konstitutives Element des Gesamtfortschritts angesehen wird und vorwiegend von seinem zu diesem Fortschritt geleisteten Beitrag her seinen Sinn bekommt, ist ein für alle Lernsituationen konstitutives Element.

2.1 *Primarstufe*

2.1.1 Bedingungslage

— ungleiche Lernvoraussetzungen, die außer auf Unterschiede des genetischen Potentials auf differente Sozialisationsmodi zurückzuführen sind
— unterschiedliche Lerngeschwindigkeiten
— aber: i. a. hohe kindliche „Lernbereitschaft"
— große Motorik und Spielfreude
— stark emotionale Akzentuierung der kindlichen Psyche
— noch weitgehend unentwickelte, aber entwicklungsfähige und -bedürftige kognitive Dimension der kindlichen Psyche
— entscheidende Bedeutung des Lehrers als Bezugsperson

2.1.2 *Zielsetzungen*

— Erhaltung und Verbesserung vorhandener, Weckung nicht hinreichend vorhandener Lernbereitschaft
— Initiation von Lernprozessen — „Lernen des Lernens"
— dabei, soweit irgend möglich: Gewährleistung emotionaler Geborgenheit, Freude am Lernen
— soweit irgend möglich: Ausgleich ungleicher Lernvoraussetzungen — Abbau sozialisationsbedingter Differenzen
— zugleich aber: Förderung bis an die Grenze der individuellen Leistungsfähigkeit, Erfahrung eigener Leistungsmöglichkeiten
— Einsteuerung der rechten Korrelation zwischen kognitiven, emotionalen und motorischen Aspekten.

2.1.3 *Inhalts- bzw. Themenbegründung und -Auswahl*

— Kriterien: Wissenschaftsorientiertheit/Kindgemäßheit
Wissenschaftsorientiertheit bedeutet hier wie auf allen Stufen die grundsätzliche Gültigkeit des Falsifikationskriteriums, daß nichts gelehrt werden darf, was in Widerspruch steht zu von weitgehendem Konsensus getragenen Ergebnissen der Wissenschaft.

Wissenschaftsorientiertheit bedeutet hier darüber hinaus stufenspezifisch: Reduktion auf das Niveau kindlichen

Fassungsvermögens und bezeichnet damit einen Prozeß sachgerechter Transformierung komplexer Sachverhalte in Richtung auf Elementares und Exemplarisch-Kindgemäßes.
Diese Reduktion findet ihre Grenze an albern-übertriebener Verkindlichung.

— Die Notwendigkeit der Erlernung der sogenannten „Kulturtechniken" ist unumstritten; sie öffnen sich zu den Lernbereichen „Sprache" und „Mathematik".
— Dazu kommen Ansätze in den Bereichen des „Sachunterrichts", der Kunst, des Sports und der Religion.

2.1.4 *Methoden- und Organisationsprobleme*

— Innere Differenzierung und Individualisierung des Lernens
— Weitgehende Einschränkung von Wettbewerbs- und Konkurrenzsituationen
— Soziales Lernen, soziale Koedukation
— Anschaulichkeit, Spiel, „Schulleben"
— Organisation der Primarstufe als eigenständige Schulform, deren Zuordnung zu den weiterführenden Systemen nicht einseitig vom Aspekt des „Zubringens" her bestimmt sein darf
— Wandlung des Rollenverständnisses des Primarstufenlehrers.

2.1.5 *Erfolgskontrolle*

— Dieser Bereich ist bisher noch sehr unentwickelt. Lehreraus- und -fortbildung wird hier einen Schwerpunkt haben. Anstelle des Aspekts „Schülerbeurteilung" wird hier in Interdependenz zu den Aspekten 2.1.1, 2.1.2, 2.1.3 und 2.1.4 der Aspekt „Effektivitätskontrolle" in bezug auf Zielsetzungen und ihre Erreichung durch sachgerechtes Lehrerverhalten neu gesehen und methodisch entwikkelt werden müssen.

2.2. *Sekundarstufe I*

2.2.1 *Bedingungslage*

— ungleiche Lernvoraussetzungen, die teils immer noch auf differente Sozialisationsmodi, teils aber zusätzlich auf

unterschiedliche Lernerfahrungen und -erfolge zurückzuführen sind.
Die Lernvoraussetzungen bleiben ungleich, weil der in der Primarstufe versuchte Ausgleich
a) nur Teilerfolge bringen kann,
b) durch das konkurrierende Prinzip der „Förderung bis an die Grenze der individuellen Leistungsfähigkeit“ mindestens kompensiert, wahrscheinlich überkompensiert wird

— ungleiche Lerngeschwindigkeiten und Verarbeitungskapazitäten
— i. a. geringer gewordene schulische Lernbereitschaft, u. a. infolge der Erweiterung des Kreises der Interessen
— immer noch stark emotionale (aber durch Mißerfolgserlebnisse und Frustrationen von mehr „Vertrauen“ zu mehr „Mißtrauen“ umakzentuierte) kindliche Psyche der Eingangsphase
— allmähliche Kanalisierung motorischer Überschüsse
— zunehmende Entwicklung und Differenzierung der kognitiven Dimension, die zu erheblichen Unterschieden der Leistungsfähigkeit und Verarbeitungskapazität führen
— allmählich zunehmende Möglichkeit zu „objektiverer“ Selbsteinschätzung
— sich aus Reifungsprozessen ergebende Probleme, z. B. Sexualität

2.2.2 *Zielsetzungen*

— Durchhalten und Stabilisieren von Lernbereitschaft — Lern- und Leistungsmotivation —
— weitergehende Differenzierung und Optimierung von Lernprozessen unter zunehmender Beteiligung der Schüler an Planungs- und Verfahrensentscheidungen
— allmähliches und zunehmendes Zurücktreten der Bemühung um Ausgleich ungleicher Lernvoraussetzungen zugunsten der optimalen Förderung unterschiedlicher Lern- und Leistungsmöglichkeiten

— allmähliche Herausbildung von Interessen- und Leistungsschwerpunkten, die bildungsprofil- und berufswahlbeeinflussende Bedeutung haben
— für alle Schüler in der Sekundarstufe I ist wegen der angedeuteten auseinanderstrebenden Differenzierungen als Basis innerer Integration im Sinne der „gemeinsamen Grundbildung" des Strukturplans (S. 148) und darüber hinaus ein Konzept „fundamentaler Allgemeinbildung" formal-taxonomisch und material-inhaltlich zu entwikkeln, da die Herstellung einer Integrationsbasis von Fächern her — etwa im Sinne eines Fundamentums — wahrscheinlich weitgehend unmöglich ist
— darüber hinaus sind schon in der Sekundarstufe I Information, Beratung und darauf aufbauend Bildungsgänge notwendig, die die Verteilung in die einzelnen Wege zu beruflicher Qualifikation nach Interessen- und Leistungsschwerpunkten sachgerecht gewährleisten, ohne in Sackgassen zu führen
— allmähliches Ertragenlernen — und Verarbeitenkönnen — von Leistungsunterschieden
— dabei müssen die einseitige Überwertung theorie-bezogen kongnitiver Zielsetzungen ebenso wie überzogene Euphorie in Richtung auf Statuserwerb und „Gleichberechtigungsdenken" abgebaut werden

2.2.3 *Inhalts- bzw. Themenbegründung und -auswahl*
Kriterien:
— Wissenschaftsorientiertheit in stärker fachspezifischer Orientierung
— Lern- und Leistungskapazität der Schüler
— zunehmend in der Sekundarstufe I: Lerngeschichte der Schüler
— Bedingungen der Lebenswelt, etwa mit dem Versuch, ihnen im Sinne Robinsohns „Curriculumelemente" als „Qualifikationen" zur „Bewältigung von Lebenssituationen" zuzuordnen
— dies alles vor-vermittelt durch die traditionellen Schulfächer und den im Gang befindlichen Versuch, diese

durch sogenannte „mittelfristige“ Curriculumrevision an Bedürfnisse der Gegenwart anzupassen.

Wissenschaftsorientiertheit im Sinne des Falsifikationskriteriums, daß nichts gelehrt werden darf, was in Widerspruch steht zu von weitgehendem Konsensus getragenen Ergebnissen der Wissenschaft, ist auch hier für mehr berufsorientierte wie mehr studienorientierte Ansätze in gleicher Weise gültig; sie entwickelt sich im *studienbezogenen Bereich* der Sekundarstufe II zu *Wissenschaftspropädeutik.*

Diese Entwicklung kann bis in die Anlage von Lernsequenzen in der Sekundarstufe I antizipierend vorauswirken.

Im Bereich *stufenbezogener Fachdidaktik* wäre zu eruieren, wie weit in einzelnen Fächern, jedoch auf einzelne Klassenstufen bezogen, ein thematisches und taxonomisches Fundamentum und darüber hinaus evtl. schulform- bzw. kursdifferente Addita fixiert werden können.

Dabei kann nicht nur nicht ausgeschlossen werden, sondern ist sogar zu erwarten, daß unterschiedliche Lerngeschwindigkeiten und Verarbeitungskapazitäten in verschiedenen Fächern oder gar überhaupt zu derartigen Interferenzen führen, daß ein klassenstufen- bzw. kursbezogen durchgängiges Fundamentum nicht mehr ausgewiesen werden kann.

Dies festzustellen und aufzuweisen ist zentrale Aufgabe stufenbezogener Fachdidaktiken.

2.2.4 *Methoden- und Organisationsprobleme*

— allmählicher Übergang zu objektivierten Formen des Leistungsvergleichs mit möglichst verbesserten Methoden der Leistungsfeststellung

— allmählicher Übergang zu äußerer Differenzierung nach Leistungsfähigkeit, Interessen und Lernvorgaben — Lerngeschichte

— allmählicher Übergang zu einem differenzierten System von Pflicht- und Wahlangeboten

— Dabei stehen die methodisch-organisatorischen *Prinzipien der Integration* und *Differenzierung* gleichwertig in einem einerseits konkurrierenden, andererseits sich wechselseitig ergänzenden Verhältnis.

Vorläufig ist noch nicht zu sehen, mit welcher *institutionellen* Lösung in bezug auf die Schulform sie besser gegeneinander und aneinander ausgeglichen werden können:
im dreigliedrigen Schulsystem unter dem organisatorischen Leitprinzip der Differenzierung oder in der Gesamtschule unter dem der Integration

— Behält man das dreigliedrige System bei, müßte eine wie auch immer benannte und organisierte Verteilungs-Stufe vorgeschaltet werden, die auch das „Umschalten“ auf andere prinzipielle Schwerpunkte für die betroffenen Schüler einsichtig und verständlich macht.
Darüber hinaus muß die gesamte Sekundarstufe I diesem Orientierungs-, Verteilungs- und Zuweisungsproblem gerecht werden.
Die Bewältigung dieses zentralen Problems würde im dreigliedrigen System das Ende der Verödung der Hauptschule zur Folge haben.

2.2.5 *Erfolgskontrolle*

Hier gilt dasselbe, was auch für die Primarstufe festgestellt wurde.
Darüber hinaus spielt hier die soweit wie möglich objektivierte Leistungsmessung/-beurteilung in bezug auf die Schüler eine wesentliche Rolle, weil sie Grundlage für Zuweisungen und den Erwerb von Berechtigungen und Abschlüssen ist.

2.3 *Sekundarstufe II*

2.3.1 *Bedingungslage*

— ungleiche Lernvoraussetzungen, die durch differente Sozialisationsmodi, unterschiedliche Lernorte und die individuelle Lerngeschichte bedingt sind.
Diese ungleichen Lernvoraussetzungen erscheinen jetzt als notwendige Bedingung für die Wahl der weiteren Lernwege und die damit verbundene Möglichkeit des Erwerbs bestimmter Qualifikationen

- ungleiche Lerngeschwindigkeiten und Verarbeitungskapazitäten; diese Ungleichheiten haben sich gegenüber der Sekundarstufe I aufgrund differenzierter Lernangebote und Leistungsmöglichkeiten verstärkt
- die Schüler sind endgültig aus der Kindheitsphase in die der Adoleszenz übergegangen und werden im Verlauf der Sekundarstufe II erwachsen und volljährig. Damit werden Probleme bedeutsam, die bisher gar keine oder eine untergeordnete Rolle spielten, z. B. Geldverdienen, Berufsvorbereitung und -ausbildung, Wehrdienst u. a.
- die psychischen Dimensionen der Sensumotorik und Emotionalität nähern sich im Normalfall kanalisierteren Reifeformen des Erwachsenenalters, im übrigen ergeben sich gerade von daher Kriterien zur Bestimmung von Reifegrad und sozialer Kompetenz
- die kognitive Dimension weist nun nach Ausformung, Leistungsfähigkeit und Verarbeitungskapazität die größten Unterschiede auf
- Neigungen bilden sich ausgeprägter heraus
- Erfahrungen von Erfolg und Versagen ermöglichen einerseits sicherere Fremdeinschätzung und führen andererseits zu sehr unterschiedlichen Ausprägungen der Objektivität von Selbsteinschätzung

2.3.2 *Zielsetzungen*

- Schulische Ausbildung in der Sekundarstufe II muß vor allem den unterschiedlichen Interessen und Leistungsmöglichkeiten der Schüler Rechnung tragen
- daraus ergibt sich die Notwendigkeit optimaler Förderung individuell verschiedener Lern- und Leistungsmöglichkeiten
- es wäre sehr wünschenswert, wenn darüber hinaus die fundamentale Allgemeinbildung weiter ausgebaut und — wenn auch auf unterschiedlichem Niveau — weiter ausdifferenziert werden könnte
- abgesehen davon ist Lernen in der Sekundarstufe II überwiegend sinnvolle und fruchtbare Spezialisierung,

vor allem im Sinne der Berufsvorbereitung, Berufsabschlüsse und der Berufstätigkeit

2.3.3 *Inhalts- bzw. Themenbegründung und -auswahl*
Kriterien:

— Wissenschaftsorientiertheit/Wissenschaftspropädeutik
— Berufsbezogenheit
theorie-orientierte Bildungsgänge sollten nicht ausschließlich wissenschaftspropädeutisch angelegt sein, sondern auch praxis-orientierte Elemente berücksichtigen; praxis-orientierte Bildungsgänge müssen auf eine wissenschaftlich abgesicherte Basis gestützt sein und sollten theoretische Grundorientierung einbeziehen
— Lerngeschichte und Leistungskapazität der Schüler

2.3.4 *Methoden- und Organisationsprobleme*

— optimale Spezialisierung der Lernprozesse setzt weitgehende äußere Differenzierung voraus: „Die Sekundarstufe II ist in sich wesentlich stärker differenziert als die zuvor behandelten Teile des Bildungswesens" (Strukturplan, S. 163)
— wie weit dabei der Gedanke der „differenzierten Einheit" der Sekundarstufe II, in der „das Denken in Bildungsinstitutionen ... hinter dem Denken in Bildungsgängen" (Strukturplan, S. 161) zurücktritt, in der heutigen Situation der Realisierung nähergebracht werden könnte und sollte, muß dabei zunächst offenbleiben
— Annäherung bisher getrennter Schulformen und Ausbildungsgänge dürfte in der Sekundarstufe II zumindest erhebliche Schwierigkeiten bedeuten; sicher wäre es nicht ratsam, auf diesem Felde etwas zu forcieren.
Andererseits bleibt es sicher sinnvoll, nach Integrationsmöglichkeiten zu suchen — nicht nur aus Gründen der Ökonomie.
Auch der Strukturplan wollte die „volle Integration zumindest für die nähere Zukunft nicht empfehlen" (S. 168).

2.3.5 *Erfolgskontrolle*

— Überprüfung des Lernerfolgs im Sinne der dauernden Rückmeldung an den Schüler über seine Fortschritte und Schwierigkeiten muß breit entwickelt und ausgebaut werden

— Optimierung und Objektivierung der Leistungsmessung vor allem im Zusammenhang des Erwerbs bestimmter Abschlußqualifikationen sind eine wesentliche und noch keineswegs befriedigend gelöste Aufgabe.

Schlußbemerkung:

Bei allem Bemühen, die Orientierung von Schule an Stufenbezügen zu verbessern, sollte der konkurrierende Gedanke nicht zu sehr in den Hintergrund treten, daß in vieler Hinsicht schon eher ein Zuviel an „Verschulung“ besteht, das abgebaut werden müßte.

UTB